권력의 민낯

강태호 지음

대한민국 유권자, _____ 에게
이 책을 드립니다.

이미지 정치에 함몰된 그들의 민낯을 고하다!

'현재 국회에 입성한 국회의원의 면면을 아는 국민이 얼마나 될까?'

그 의문을 시작으로 이 책을 집필했습니다.

이 책은 정치평론가가 정치인을 평가하는 책이 아닙니다. 철저히 21대 국회의원 본인들이 했던 말과 행적들을 담고, 그에 따라 그들을 객관적으로 평가하자는 의미에서 이 책을 쓰게 되었습니다.

일부러 정치색에 따라 그들의 평가가 달라질 것에 대비하여 정당별 국회의원 정렬이 아닌 가나다순으로 그들의 말을 담아봤습니다. 그들의 말을 정리하며 느낀 점은 저 역시 그들을 잘 모르고 있었다는 점입니다.

정치인들의 계산된 프레임에 따라 사건의 팩트를 보기보다는 메신저의 신뢰에 따라 가짜뉴스를 팩트로 인식하게 되었고, 반대로 실제로 팩트로 밝혀진 사건들은 상대편이 만들어낸 거짓뉴스라 예단했습니다.

결국 정치인들이 만들어낸 프레임에 갇혀 편협한 시각의 홍위병 역할을 하는 유권자로 살았던 것을 깨닫게 되었습니다. 정치는 정치인이 바꾸는 것이 아니라 유권자의 시선이 바뀌어야 정치가 바뀐다고 생각합니다. 언론매체가 자신들의 정치지향과 같은 권력과 유착하여 이미지 정치를 만들고 있습니다. 그리고 우리 대부분은 정치적 소신을 가지고 정치인을 지지한다 생각하지만, 결론적으로는 그들에게 가스라이팅 당했던 것은 아닐까요?

그런 점에서 이 책이 가지는 의의가 있을 겁니다.

21대 국회의원 300명. 국민의 대다수는 그들이 어떤 일을 했고, 어떤 삶을 살았는지 알지 못합니다. 내가 지지하는 정당이기에 혹은 지지하지 않은 정당이기에 그들을 편견의 눈으로 바라보고 투표장에 나간 경우가 대다수입니다.

21대 국회가 끝나고 22대 국회가 개원하였지만, 지금 현재도 국민들 눈높이에 맞는 국정 활동을 하는 국회의원들은 손에 꼽습니다. 그 정도로 능력 있는 정치인을 뽑기보다는 그들의 기획된 이미지에 맞춰 투표를 하였기에 만들어진 결과물일 겁니다.

21대 국회의원들의 행적을 되돌아봄으로써 혹여나 이미지 정치에 속아 실제 그들의 민낯을 발견 못 하는 우(愚)를 범하지 않았나 생각하는 계기가 되기를 바라며 이 책을 만들었습니다.

과거 21대 300명의 국회의원의 말과 행적을 정리하며 깜냥도 안 되는 사람들이 대중적 인기에 편승해 혹은 정당 인기에 편승해 국회에 입성하는 사람들을 많이 보게 되었습니다.

정당정치의 폐해라 할 수 있을 정도로 인물의 깜냥만 보고서는 이 인물이 도대체 어떤 정당 사람인지 잘 모르는 것, 말 그대로 인물보다는 정당 긴편에 입각해 투표한 것이 아닐까 제 자신을 많이 반성하게 되었습니다.

책을 준비하는 과정 속 공정과 상식의 이미지를 가진 윤석열이 대통령이 되었습니다. 그리고 그의 민낯은 계엄령 사태를 통해 까발려졌습니다.

그로 인해 박근혜 대통령에 이어 두 번째로 탄핵되는 대통령이 되었습니다. 그리고 이제 우리는 뜻하지 않게 21대 대통령 선거를 맞이합니다. 21대 대통령 선거를 맞이하기 전 국민의 권리인 투표를 잘하기 위해 유권자도 공부해야겠다는 마음으로 21대 국회의원 300인의 정치인의 말과 행적을 정리하였습니다. 그리고 투표 때만 보이는 우리 이야기를 그들이 볼 수 있기를 희망하며, 그들이 모르는 국민의 이야기 10가지를 담아봤습니다.

국민의 권리 투표권을 잘 행사하기 위해 이 책이 시금석 역할을 하기를 바랍니다.

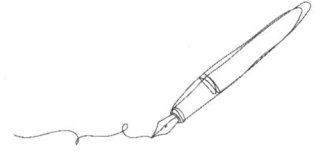

고마운 사람들 'Thanks To'

이 책이 출간되기까지 저와 함께 고생하고 서로 의지했던 모든 분들에게 감사인사를 전합니다. 정신적으로 힘을 주셨던 대진대 교수님들 감사드립니다. 책을 준비하는 과정 중 돌아가신 아버지와 항상 막내아들 걱정하는 어머니 그리고 형과 형수님 조카에게 사랑한다고 말하고 싶습니다.

영우회, 그리고 스쿼시 같이 치는 사람들 그리고 저의 부족한 점을 믟고 의지하는 사랑하는 사람들에게 감사하다고 말하고 싶습니다.

마지막으로 대한민국 유권자 여러분들에게 이 책을 바칩니다.

차례

이미지 정치에 함몰된 그들의 민낯을 고하다!　　　　　　　　　　　4

PART 1. 그들의 민낯　　　　　　　　　　　　　　　　　　11

PART 2. 그들의 행적 및 실적　　　　　　　　　　　　　　257

1. 21대 국회의원들의 본회의 출석률 분석　　　　　　　　　　258
2. 21대 국회에서 논란이 되었던 법안 10가지　　　　　　　　　259
3. 국회의원 세비 vs 최저임금 비교　　　　　　　　　　　　　261
4. 21대 국회 기간 중 서민들이 체감한 필수 장바구니 물가상승률　262
5. 21대 국회에서 국민의 반대와 사회적 논란 이슈로 무산된 법안 10가지　263

PART 3. 당신들은 모르는 우리들 이야기   267

1. 산 사람은 살아야지   268

2. 유통기한 임박 상품과 버스요금 70원?   270

3. 땀 흘리는 국민과 잠에 빠진 국회   272

4. 75세 배달원의 명의도용과 국회의원 면책특권   274

5. 삶의 무게와 선택의 존엄   276

6. 리어커는 무겁지만, 그들의 약속은 가볍다   278

7. 눈물의 폐업 그리고 국회의원 세비 셀프 인상   280

8. 병을 키우는 바보 그리고 그를 닮은 아들   282

9. 우리 편은 없어! 단지 자신들 밥그릇 위해 싸우는 거지!   283

10. 광장의 환호성과 장례식장의 눈물   285

PART 1. 그들의 민낯

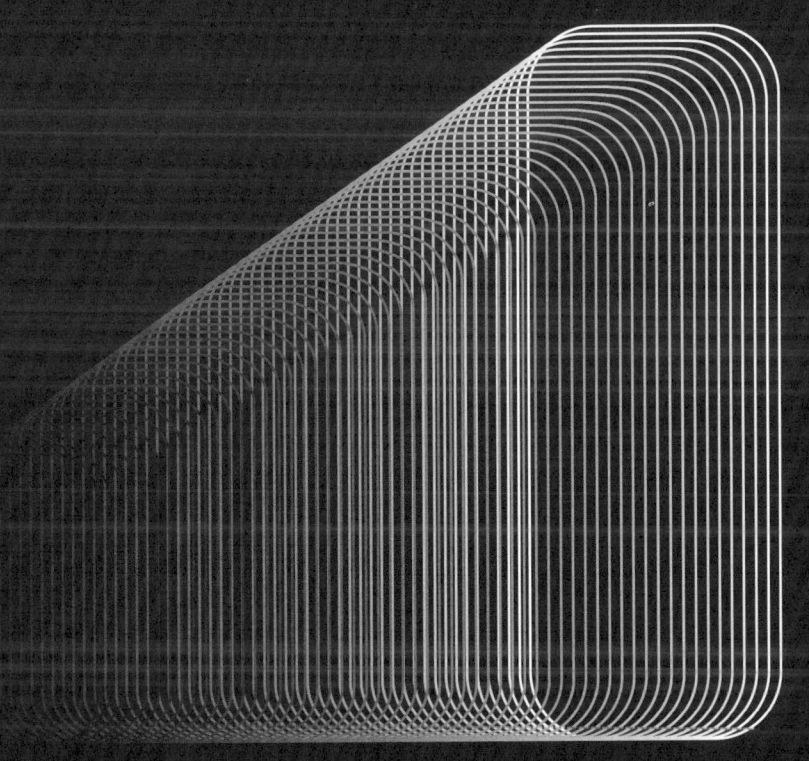

❀ 1 강기윤

출생 1960년 6월 4일

논란 1999년 음주운전으로 사고를 내 벌금 200만 원을 선고받았다. 경기장 안에서 선거운동은 할 수 없음에도 강행하여 경남 FC가 징계를 받았다. 1998년 창원시 사파정동 152번지 과수원을 2억 6,000만 원의 농지로 매입하여 창원시가 조성할 공원 부지로 매각했는데, 보상금 땅값만 42억 원과 감나무과 불법 움막 등 땅 위 지장물은 2억 6,000만 원, 합계 44억 6,000만 원이 2021년 지급되었다. 시세차익 42억 원을 남겼으나 보상금 45억 원은 너무 적고 60억 원을 받아야 한다고 주장했다.

또한 본인이 수혜자가 될 양도소득세 면제하는 「조세특례제한법」 개정안을 대표 발의하였다. 현행 세법으로는 최소 13억 원, 많게는 15억 원의 세금을 내야 하는데 이 법이 통과되면 전액 면제받을 수 있는 것이다.

독설 음주운전, 불법 선거운동, 땅 투기에 세금 면제까지, 국민의 대표가 아니라 사익의 대표구나!

<u>강기윤 의원의 정당은?</u>

❀ 2 강대식

출생 1959년 11월 2일

논란 2012년 동구의회 의장 시절 음주 뺑소니 사건으로 입건되었다. 일반인들이라면 실형도 불가피할 정도지만 합의를 잘해서 그런지 몰라도 벌금 250만 원 형으로 끝났다.

정치 브로커로 알려진 명태균의 공천 개입, 불법 여론조사 의혹 등을 수사 중으로 강대식을 참고인 신분으로 조사했다. 2024년 12월 7일 윤석열 대통령 탄핵소추안 표결에 불참과 함께 탄핵 반대를 하고 있다.

독설 음주 뺑소니, 정치 브로커 연루 의혹까지, 이런 인물이 국민의 대표? 정치의 타락을 보여준다.

강대식 의원의 정당은?

❀ 3 강득구

출생 1963년 5월 27일

논란 '검찰개혁은 꼭 이뤄져야 됩니다. 그리고 조국 법무부 장관을 응원합니다.'라는 내용의 지지 현수막을 내걸었다. 일반인들은 의문이다. 검찰이 그동안 잘못된 행보를 보인 것은 분명히 팩트다. 그리고 그에 따라 개선되어야 한다. 하지만 조국 법무부 장관 하고는 무슨 상관이 있을까? 사모펀드 그리고 자식 부정 입학 문제는 실제로 있는 사건이었다. 그리고 그 사건으로 피해자가 존재하는 것이 사실이다. 그런 상황에서 검찰개혁과 조국 법무부 장관을 함께 지지한다는 모순은 무엇일까?

독설 검찰개혁이라는 대의를 논하면서, 논란의 중심인 인물을 응원하는 것은 스스로의 정당성을 갉아먹는 일이다.

강득구 의원의 정당은?

❀ 4 강민정

출생 1961년 4월 26일

논란 정치후원금 모집에 동참해 달라는 문자메시지를 전교조 조합원인 교사들에게 발송해 불법 정치자금 모집을 유도했다. 「학폭 가해자 생활기록 10년 보존법(초·중등교육법 일부 개정법률안)」을 강력하게 반대하고 있다. 자신의 교사 시절 경험에 의하면 교육적 지도를 통해 피해자와 가해자의 친구 관계가 다시 회복되고 성인이 되어 잘 살고 있는 경우도 있었다는 것이 근거 내용이다. 그와 함께 「교원보호법(교원의 지위 향상 및 교육활동 보호를 위한 특별법)」을 반대하여 계류하게 만들었다.

독설 교사 생활에 얼마나 많은 피해자가 있었을까?

<u>강민정 의원의 정당은?</u>

❀ 5 강민국

출생 1971년 3월 3일

논란 본인이 이사장을 지낸 금헌학원 산하 진주동중학교의 직원들을 사사로이 쓴 것에 대한 제보가 있었다. 구체적인 진술이 이뤄지고 갑질에 대한 보도가 이어졌지만, 모르쇠로 일관했다. 그리고 2022년 2월 8일 강민국은 언론의 진주동중학교 행정직원 사적 이용 문제에 대한 사실 확인에는 답변하지 않은 채 자신의 SNS에 '서부경남 토착비리 사이비 언론비리 제보 센터 개설'이라는 제목으로 글을 올렸다. 결국 지역 언론들이 반발하자 2월 18일 강민국 의원은 '서부경남 토착비리 사이비 언론제보센터' 개설을 철회하고 공식 사과를 했다.

독설 국회의원의 직위를 이용해 자신에 대한 논란은 묵살하고, 자신을 향한 의혹 제기를 한 언론 상대로 전쟁을 선포하듯 말한 강민국 의원에게 국민들은 과연 안중에 있을까?

강민국 의원의 정당은?

❈ 6 강병원

출생 1970년 3월 16일

논란 2017년 3월 22일 삼성전자의 반도체공장 진단보고서를 공개하였다. 이것이 큰 문제가 되는 것은 행정부도 공개를 거부하였고, 법원에서도 진단 총평을 제외하고 비공개하라는 판결이 나왔다. 하지만 그것을 언론에 자료를 넘겨 파문이 일고 있다.

이와 함께 2021년 7월 8일 상을 당한 최재형 전 감사원장에게 '양상군자'라고 칭하며, 그의 정치 참여 선언을 맹비난했다. 참고로 양상군자는 '도둑'을 칭한 말이다.

독설 사채업자도 부모상 당하면 삼일장을 치르게 한 후 빚을 독촉한다고 이야기할 정도로 가족상은 자식에게는 피맺히는 아픔이다. 정쟁은 항시 있었으나 최소한의 예의는 있어야 하지 않을까?

강병원 의원의 정당은?

❀ 7 강선우

출생 1978년 6월 2일

논란 성관계 음성을 녹음하는 행위도 영상이나 사진을 촬영하는 것과 마찬가지로 성범죄로 규정해 처벌할 수 있도록 하겠다는 취지의 입법을 추진해 논란이 되었다. 이렇게 녹음된 음성파일 등은 불법 영상물과 마찬가지로 상대방을 협박하거나 리벤지 포르노의 용도로 악용될 수 있으므로 이를 성폭력 범죄로 처벌해야 한다는 취지다. 하지만 이 법안은 성범죄를 막기 위한 법안이 아니라, 성범죄자를 만들어내기 위한 법안이라는 평이 지배적이다. 더군다나 무고를 증명하기 위한 음성녹음조차 성범죄로 처벌한다면 무고를 어떻게 증명해야 하냐는 말이 많다.

2022년 11월 14일 국회 예산결산특별위원회에서 이상민 행정안전부장관에 대해 망언을 하여 논란이 일었다. 전언은 다음과 같다.

"2차 감정이 있습니다. 공감, 부끄러움, 수치심 이런 감정들입니다. 이런 감정들은 인간이 태어날 때 갖고 태어나지 못합니다. 그런데 우리가 사회를 살아가기 위해서 이런 감정들은 어떻게 생기느냐? 부모로부터 배우고요. 적절한 상황에서 사회적인 인터렉션(교류)을 통해서 길러지는 겁니다. 장관님이 부끄러움으로 모르시는 것 같아서, 그렇다면 그동안 보고 배우지 못하신 것 같아서 굉장히 안타깝습니다."

독설 본인 생각은 사이다 발언! 하지만 그것을 듣는 국민의 대부분은 눈살을 찌푸리고 있다는 것을 그녀는 알고 있을까?

강선우 의원의 정당은?

❈ 8 강은미

출생 1970년 9월 6일

논란 비례대표로 국회에 입성한 강은미 의원은 강력하게 연동형 비례대표제를 민주주의를 지키는 보루라고 주장했다. 연동형 비례대표제는 총선 때 정당 득표율대로 각 정당이 의석을 배분받는 제도다. 그에 따라 총선에 투표된 모든 국민의 민의를 수용할 수 있다는 점과 사표 방지 심리를 없앤다는 점이 장점으로 꼽힌다. 하지만 함량 미달 정당일지라도 어느 정도 표만 확보하면 원내에 진입하기 쉽다는 점이 단점으로 지적되는 법이다.

독설 정당의 진정성과 노력보다 표만 확보하면 의석을 얻는 제도가 민주주의를 지키는 보루라니, 오히려 정치적 왜곡을 강화하는 방안이 될 수 있지 않을까?

<u>강은미 의원의 정당은?</u>

❈ 9 강준현

출생 1964년 8월 19일

논란 강준현 의원은 국토교통부 등 공공기관 업무 관계자가 부동산 거래를 할 때 사전 심사를 하게 하는 내용을 담은 「공공주택특별법」을 발의하였다. 하지만 실제 강준현은 모친이 소유한 토지 8필지 가운데 7필지는 개발이 가능한 구역이다. 즉 길 하나 차이로 개발제한구역(그린벨트)을 빗겨나 있는 것이다. KTX 세종역 후보지 인근지를 소유하고 있고, 실제 강준현 의원은 KTX 세종역 테마 바람을 일으킨 중심에 있다. 아이러니하게도 「공공주택특별법」을 발의하기 전 상황이라 강준현 의원의 경우는 해당 사항이 없다. 그러기에 이해충돌 논란이 벌어진 것이다.

독설 국민에게는 잘 일어나지 않는 로또 같은 일. 개발지역 땅 소유. 이상하게 국회의원들에게는 자주 일어나는 것은 무슨 연유일까?

<u>강준현 의원의 정당은?</u>

❀ 10 강창일

출생 1952년 1월 28일

논란 최근 중국인에 의한 '묻지 마 살인'이 발생한 제주도에 중국 공안을 파견하는 방안을 논의하라는 의견을 내 논란을 일으켰다. 2019년 일본의 대한민국 수출 통제가 발생했는데, 그 당시 강창일 의원은 정부가 원칙과 명분에 집착해 일본과의 정치적 문제를 해결하지 못했다고 비난의 수위를 높였다. 이 과정에서 이해찬 대표가 손가락으로 X 표시를 하며 발언을 막아서 화제가 되었다.

독설 중국 공안을 제주도에 파견시킨다는 말에 "빈대 잡겠다고 초가삼간 태운다"는 속담이 떠오르는 이유는 뭘까?

<u>강창일 의원의 정당은?</u>

❀ 11 강훈식

출생 1973년 10월 24일

논란 2017년, 2020년 국정감사장에서 책상 아래에서 휴대전화를 내린 뒤 게임을 하다 사진이 찍혀서 큰 비판을 받았다. 민식이법으로 알려진 「도로교통법 일부 개정법률안」을 대표 발의했는데, 정작 본인이 2003년에 무면허 운전으로 100만 원 벌금을, 2011년에는 「교통사고 처리 특례법」 위반으로 150만 원 벌금을 납부한 사실이 드러났다.

독설 게임을 하며 국정감사에 임하고, 음주운전을 한 과거를 가진 정치인에게 법을 만들어 달라고 하는 국민은 어떤 생각을 할까?

강훈식 의원의 정당은?

❀ 12 고민정

출생 1979년 8월 23일

논란 2020년 2월 본인 페이스북 프로필 학력란에 '경희대학교 서울'이라고 표기 공개되어 있는 것이 언론에 알려졌다. 실제로 고민정은 경희대학교 수원캠퍼스 외국어학부 중국어전공이다. 페이스북 프로필은 본인이 직접 설정하는 것이라 학력위조 논란이 일었다.

그 밖에 박원순 성추행 사건 피해자에 대한 2차 가해를 가해 논란이 일었다.

박원순 성추행 사건 피해자를 '피해 호소인'이라는 호칭을 사용하여 가해 논란이 일어났다. 과연 박원순이 자신 소속 사람이 아니었다면 그런 말을 할 수 있었을까 하는 논란이 일어났다. 지역구 강연 강사에 남편을 섭외했다. 불편한 분들이 있다면 강연자에서 제외하겠다고 말을 했지만 고민정 의원은 200개 이상 댓글 중 99%가 지지하므로 그대로 진행하였다. 하지만 그 지지 댓글은 자신의 페이스북에 달린 댓글이라 더더욱 논란이 일었다. 코로나 19 백신 4,400만 명 확보 현수막을 내걸었지만 그건 현실과 다른 내용이었다.

2021년 재보궐선거의 사전투표에 참여한 고민정은 사전투표를 참여하며 엄지손가락에 투표도장을 찍은 사진을 페이스북에 올렸다. 코로나 시국에 절대로 해서는 안 되는 행위를 자랑하듯 올린 고민정은 많은 비판을 받았다.

독설 학력위조 논란, 사실왜곡 논란, 강연에 남편을 섭외하는 모습은 정치적 편향과 내로남불이다.

고민정 의원의 정당은?

❀ 13 고영인

출생 1963년 7월 7일

논란 2020년 3월 21대 국회의원 선거를 위한 후보 경선에 지역위원장 출신의 고영인 예비후보와 김현 전 민주당 의원의 2인 경선이 실시 의결되었다. 고영인 대 김현 경선은 공천심사위에서 당헌 당규를 기반으로 발표한 당원 50%, 시민 50% 룰로 진행될 예정이었으나, 갑자기 국민참여경선 100% 경선으로 바뀌었다. 그리고 결국 김현을 제치고 고영인이 최종 후보가 되었다. 그리고 그 경선 발표날 지지자들에게 주류를 제공해 총책임자로서 사과하는 일이 벌어졌다.

독설 당의 내부 규정조차 손바닥 뒤집듯 바뀌는데 국민을 위한 일을 할 수 있을까?

고영인 의원의 정당은?

❀ 14 고용진

출생 1964년 8월 6일

논란 이정근 전 정당 사무부총장 휴대전화에서 발견된 돈 살포 녹음파일이 여의도 정가를 흔들었다. 녹음파일뿐만 아니라 돈 전달 과정이 세세히 적힌 이른바 '이정근 노트'가 있다는 진술도 확보되었다. 결국 이정근 사무부총장은 구속되었다. 그리고 이정근 게이트 속 5,000만 원을 제공했다는 의원 실명 속 고용진 의원이 포함되어 있어 논란이 벌어지고 있다.

독설 "아니 땐 굴뚝에 연기 날까?"라는 속담이 떠오르는 이유는 무엇인가?

고용진 의원의 정당은?

❀ 15 곽상도

출생 1959년 12월 23일

논란 자신이 취업시킨 아들이 퇴직금 면목으로 상식 밖의 거금 50억 원을 받았음에도 해명이나 사과는커녕 열심히 일해 퇴직금으로 받은 돈이고 다른 임직원들도 받은 돈인데 무슨 문제냐는 식의 적반하장식의 태도를 보였다. 1조 8천억 원 규모의 사기대출 사건에서 곽상도가 변론을 맡았는데 그 이후 검찰의 내사가 종결돼 결국 대규모 사기대출 사건을 막지 못했다는 비판을 샀다. 불법정치자금을 받은 노회찬 의원이 사망하자 자신의 페이스북 통해 "이중성을 드러내도 무방한 그곳에서 영면하시기 바란다."라며 노회찬을 조롱해 논란이 일었다.

1991년 강기훈 유서대필 조작 사건 때 조사 검사로 참여했다. 이후 깅기훈은 자신의 페이스북을 통해 곽상도 검사는 '잠 안 재우기 고문

을 담당'했다고 말했다. 그러자 곽상도는 그런 일이 없었고 밤샘조사
는 당시 허용되는 상황이었다며 사과를 거부했다.
　이 밖에도 베트남, 호주, 뉴질랜드 외유 논란에 휩싸였다.

독설 폐지 주어가며 하루를 연명할 정도로 힘들게 살아오는 사람들에게 당신의 아들이 받은 퇴직금 50억 원이 정당하다는 말, 어떻게 받아들여질까?

곽상도 의원의 정당은?

❈ 16 권명호

출생 1961년 1월 10일

논란 통화녹음하면 10년 징역과 5년 자격정지에 처해질 수 있는 「통신비밀보호법」 일부 개정 법률안이 발의되었다. 이 법안에 권명호 의원도 동참했다. 실제 통화녹음이 사회적 약자들이 성희롱이나 부당한 처사, 보이스피싱 등 피해 사실을 증명하기 위한 수단으로 쓰였다는 점에서 논란이 일었다. 그런 점에서 권력자 막말 비호법이라는 여론으로 호된 민심 후폭풍을 맞았다.

독설 얼마나 구린 것이 있으면 이런 법안을 발의했을까?

권명호 의원의 정당은?

❈ 17 권성동

출생 1960년 4월 29일

논란 강원랜드 교육생 공개 채용 과정에서 인사담당자에게 의원실 인턴 비서 등 11명을 채용하도록 요구해 채용업무를 방해한 혐의와 이

과정에서 최흥집 전 강원랜드 사장에게 감사 무마 등의 청탁을 받았다는 혐의, 본인의 선거운동을 도운 고교 동창을 강원랜드 사내이사로 지명하도록 직권을 남용한 혐의를 받았다.

최종적으로는 검사가 혐의를 충분히 입증하지 못해 무죄 판단을 받았다.

이 밖에 국정감사 도중에 스마트폰으로 비키니를 입은 금발의 외국인 여성 사진을 보는 현장이 포착되었다. 2022년 7월 11일 당 최고위원회 회의에서 당에 윤석열 대통령 사진을 걸자는 언급을 하였다. 우리나라가 북한이냐는 소리를 들으며 큰 비판을 받았다.

2022년 7월 15일 윤석열 대통령 40년 지기의 아들인 우 모 씨가 대통령실 시민사회수석실 행정요원으로 특채되었다는 의혹이 일자 권성동은 자신의 지역구 사무실에서 자원봉사자 활동을 한 청년으로 자신이 추천했다고 말을 했다. 즉 자신이 압력을 행사했음을 시인했다. 또한 지난해 7월경 윤석열 예비후보캠프에 1,000만 원을 후원했다는 사실까지 알려지며 매관매직 부정채용 비판이 쏟아졌다.

이 밖에도 사적 채용 옹호로 논란이 일자 이를 해명하는 과정에서 9급 행정요원밖에 안 된다고 언급했다. "7급도 아닌 9급에 넣었으며, 최저임금보다 조금 더 받는다. 10만 원 정도만 더 받는다"는 막말을 하였다.

2022년 8월 4일 펠로시 미 하원의장의 회담 도중 발언을 하고 있는 펠로시 의장을 향해 스마트폰을 꺼내 촬영을 하여 논란이 되었다. 사석에서도 예의가 아닌데 공식적인 외교 회담에서 나라를 대표하는 국회의원이 이러고 있으니 국가 망신이라는 비판을 받았다.

2022년 8월 25일 술 반입이 금지된 연찬회 날 권성동은 기자들과 별도의 술자리를 가졌고, 술병에 숟가락을 꽂고 노래를 부르는 영상이 공개되어 논란이 되었다.

독설 윤석열 대통령의 40년 지기 아들이 특채된 사실을 두고 '자원봉사자'라고 압력을 시인한 발언은 정치적 부패와 매관매직을 정당화한 기막힌(?) 해명이다.

권성동 의원의 정당은?

❀ 18 권영세

출생 1959년 4월 1일

논란 권영세는 김남국의 코인거래 논란이 일어난 후, 자신도 코인거래를 했다는 사실이 밝혀지면서 비판을 받았다. 특히 당시 통일부 장관으로 임명되고 남북한 관계가 냉각되고 있는 상황이라 더 큰 비판을 받았다. 더군다나 권영세가 코인거래를 했다는 정보누설이 「형법 127조(공무원 또는 공무원이었던 자가 법령에 의한 직무상 비밀을 누설한 때에는 2년 이하의 징역이나 금고 또는 5년 이하의 자격정지에 처한다)」를 위반한 것으로 지적되었다. 그런 상황 속 권영세는 자신에 대한 코인거래 보도를 한 윤리심사자문위원회를 고발하겠다는 적반하장식 대처를 해 큰 논란이 일었다.

독설 남북관계는 냉각되는데 그 와중에 코인으로 돈 챙기고, 그리고 비판하는 것을 고발로 뭉갠다고?

권영세 의원의 정당은?

19 권은희

출생 1974년 2월 15일

논란 2004년 흉기로 아내를 상습 폭행한 혐의로 기소된 피고인의 변호를 맡았다. 그러나 피해자인 아내가 법정에서 검찰 진술을 뒤집는 증언을 했다. 법정 진술 번복으로 위증혐의 조사를 받게 된 피해자는 남편의 변호사(권은희)가 시키는 대로 말했다고 진술했다. 위증혐의가 불거진 뒤 권은희는 변호인 사임계를 냈다.

 대한민국 국가정보원 여론조작 사건, 즉 댓글 사건으로 인해 권은희는 전국구 스타(?)가 되었다. 사건 발생 당시 수서경찰서 수사과장으로 근무하던 권은희는 경찰 고위간부가 부당한 압력을 행사해 은폐 축소를 시도했다고 주장했다. 그리고 결론적으로 권은희가 주장한 내용은 법적 판단으로는 거짓으로 판명되었다.

 재판 여부를 떠나 진실 여부는 아직까지도 미궁이지만 권은희가 전국적 스포트라이트를 받은 사건이 결론적으로 거짓으로 들통 나 큰 논란이 일었다.

 2019년 11월 여수 순천 10.19사건 유족들이 법안 통과를 요구하며 붙잡은 손을 "하지 마세요. 하지 마세요. 왜 이러세요."라며 짜증을 내며 뿌리치는 모습이 공개되어 큰 논란이 일어났다. 노골적인 짜증과 유가족에 대한 무시가 눈에 보이는 순간이었다. 논란이 거세지자 권은희 의원은 시간 부족이라는 해명을 했다.

독설 국민을 위해 일하는 시간이 부족했다면 국민들은 박수를 쳤을 것이다. 하지만 그런 것이 아니기에 전 국민들이 분노를 일으킨 것이 아닐까?

<u>권은희 의원의 정당은?</u>

❀ 20 권인숙

출생 1964년 8월 28일

논란 2022년 11월 10일 이태원 참사 국정조사 요구서 보고가 있는 국회에서 열린 본회의에서 스마트폰으로 모바일 체스게임을 하는 장면이 포착되었다. 2023년 2월 15일 국회 법제사법위원회 전체회의에서 '비동의 간음죄'를 두고 한동훈 당시 법무부 장관과 설전을 벌였다. 그 과정에서 한동훈 장관의 답변을 여러 차례 끊고 본인의 주장만 내세웠다.

당시 한동훈 장관이 14차례나 말할 기회를 달라고 호소할 정도였다.

더군다나 20년 넘게 검사 일을 하는 한동훈 장관에게 "성폭행 수사해 본 적 있는가?"라는 황당한 질문을 하여 국민을 아연실색하게 만들었다.

독설 초등학생도 아는 토론의 자세. 토론의 기본도 모르는 사람이 과연 국민의 의견을 경청하고 수렴할 것인가?

권인숙 의원의 정당은? _____

❀ 21 권칠승

출생 1965년 11월 18일

논란 과거 천안함에 대한 음모론을 제기한 사실로 혁신위원장에서 임명되었다 하차한 이래경에 대해 최원일 전 천안함 함장이 페이스북을 통해 비판대열에 합류했다는 이야기에 대해 "무슨 낯짝으로 그런 얘기를 한 거냐"며 "부하들 다 죽이고 어이가 없다"면서 "원래 함정은 배에서 내리는 게 아니지 않느냐"면서 최원일 함장을 오히려 비난을 하였다.

실제 최원일 함장은 악조건 속에서도 함장으로서 자신의 임무를 충분히 해낸 인물로 평가된다. 천안함 피격사건이 있을 당시 부하들이 거의 연행하듯이 강제로 끌고 나와 탈출한 인물이다. 지금까지도 여전히 많은 부하를 살리지 못했다는 사실에 죄책감을 느끼고 있으며, 생존 장병들과도 자주 연락하며 친하게 지내는 사이다.

천안함에 대한 음모론은 결론적으로 살아남은 장병들에 대한 2차 가해인 것이다.

여론이 안 좋아지자 권칠승은 중기부 장관 청문회 당시 천안함 사건은 북한의 소행임이라고 밝혔다. 그러나 최 함장에 대한 사과는 없었다.

독설 천안함 음모론을 펼치는 건 정치적 이득을 위한 대중 기만이다.

권칠승 의원의 정당은?

❀ 22 구자근

출생 1967년 10월 9일

논란 1994년 11월 25일 「도로교통법」 위반 벌금 100만 원, 2005년 5월 17일 음주운전 벌금 150만 원으로 처벌받았다. 그런 와중에 구자근은 '2020년 교통범죄 추방대회 및 교통정의상 시상식'에 참석하면서 "특히 음주, 뺑소니 무면허 운전 같은 교통범죄는 고의성이 수반되는 심각하고 악의적인 사회적 범죄입니다."라고 자신의 블로그에 평했다.

재산신고 누락 의혹을 받고 있다. 주식 보유 기간에서 혼선 빚었다고 하지만 누락액이 9억 원이나 되어 큰 논란이 있었다. 2020년 4월 15일 총선을 앞두고 구미시 예술총연합회 사무국장 출신인 A 씨를 3차례 찾아가 "선거를 도와주면 보좌관직을 주겠다."라고 약속한 혐의로 불구속 상태로 재판에 넘겨졌지만, 증거 부족으로 무죄를 선고했다.

2022년 3월 14일 코로나 19 방역수칙을 위반하고 술자리 회식을 가졌다.

독설 자기 기준으로 정의를 이야기하는 구자근, 도덕적 위선에 경악할 따름이다.

구자근 의원의 정당은?

✤ 23 기동민

출생 1966년 2월 23일

논란 라임 사태의 주범임 김봉현 회장의 로비리스트에 있음이 확인되었다. 또한 김봉현 회장이 기동민에게 억대의 로비를 주었다는 녹취록까지 나왔다. 2016년 전후로 수천만 원을 주고 고가의 맞춤양복도 선물했다고 진술했는데, 기 위원은 양복을 받은 적은 있지만 돈을 받은 적은 없다고 부인했다.

2021년 7월 9일 박원순 전 서울시장 1주기를 기해 이뤄진 추모식에 참석해 논란을 일으켰다. 더군다나 코로나 4차 대유행이 시작되는 상황과 함께 피해자에 대한 2차 가해라는 점에서 논란이 일었다.

2022년 10월 17일 법제사법위원회 국정감사장에서 김정은을 두고 최고 존엄인가 하는 사람이 공식적인 사과까지 한 사안이라는 발언이 논란이 일었다. 그에 대해 조정훈 의원이 매우 부적절한 발언이라 지적했지만, 그냥 웃자고 한 농담 즉 조롱이자 야유였다며 논란 자체를 모

함으로 치부했다.

독설 고가양복을 받았지만 대가성이 없다고 말하면 그건 뇌물이 아니고 그냥 단순한 선물이 되는 것일까? 이제부터 현금이 아닌 고가의 선물을 주고받는 그들만의 세상이 오지 않을까 두려운 것은 나만의 착각일까?

기동민 의원의 정당은?

❀ 24 김경만

출생 1962년 9월 23일

논란 한국토지주택공사 직원 부동산 투기 사건에 대해 국회의원에게도 유사사례 발견 시 엄벌하겠다고 공언했다. 하지만 김경만 의원의 배우자가 지난 2016년 2018년 경기도 시흥시 장현동 일대의 땅을 쪼개기 매입했다는 의혹이 제기되었다. 당시 이 지역에는 광명시흥신도시가 들어설 과림동으로부터 5km 떨어져 있고, 공공주택지구인 시흥 장현지구와 인접한 야산인 것으로 알려졌다.

이에 김경만은 입장문을 내고 해당 임야는 배우자가 교회 지인의 권유로 매수한 것으로 신도시 예정지와는 전혀 무관하고, 당시 본인은 국회의원 신분도 아니었다고 해명했다.

독설 국회의원이 되면 유감이다 말하고 사과하면 끝이 나는 현실. 그러기에 다들 국회의원이 되려는 것 아닐까?

김경만 의원의 정당은?

❋ 25 김경협

출생 1962년 12월 3일

논란 2020년 10월 옵티머스 펀드에 투자한 사실이 드러나 많은 질타를 받았다. 그러자 곧바로 자신의 권력형 비리에 연루되었다면 의원직을 사퇴하겠다며 공격대상으로 여기던 국회의원들에게 함께 의원직을 걸자며 딜을 걸어 타짜냐는 비판이 일었다.

2015년 5월 페이스북과 트위터에 "김대중, 노무현 정신과 가치를 계승한 우리 당의 모든 당원은 친노이고 친DJ다. 이를 부정하면 당원 자격이 없다", "비노는 새누리당 세작들이 당을 붕괴시키려 하다가 들통났다." 등의 글을 올려 당내 계파 갈등을 일으켰다.

보좌진들의 월급 일부를 상납받아 후원회 소속 직원과 선거운동원의 급여로 사용했다는 폭로가 나와 「정치자금법」 위반 수사를 받게 되었다. 폭로한 전직 비서관은 월급 350만 원 가운데 40만 원은 후원회 계좌로, 30만 원은 현금으로 동료 비서관이 걷어 매달 70만 원씩 상납했다고 주장했다. 이에 김경협은 일부 보좌진이 자발적으로 걷었다며 해명했다.

불법 토지거래로 1심에서 징역 6월, 집행유예 2년이 선고되었다. 하지만 2023년 12월 2심 선고에서 무죄를 선고받았고, 검찰은 상고한 상황이다.

독설 정치인은 한 사람을 추종하고 따르는 것이 아니라 국민의 의견을 경청하고, 국민을 위한 법을 만들며 봉사하는 직이다. 자신의 본분은 국민에 혈세를 받는 직원이라는 것을 기억하길 바란다.

김경협 의원의 정당은?

❀ 26 김기현

출생 1959년 2월 21일

논란 김기현은 1998년에 임야와 목장용으로 박물관 11만 5천여 제곱미터 약 35,000평을 구입했다. 그런데 문제는 이 일대에 KTX 울산역과 연계되는 사업을 검토하면서 이 땅값이 1,800배에 육박하는 640억까지 치솟는다. 본인은 아니라고 강하게 말했지만 많은 사람들이 자신에게 공시지가에서 95% 깎아달라며 김기현을 비꼬는 상황이 벌어졌다.

곽상도 의원의 아들이 대장동 특혜 의혹 업체인 화천대유에서 퇴직금 등의 명목으로 50억 원을 받았다는 사실을 김기현은 인지했지만, 언론 보도가 있을 때까지 침묵해 논란을 키웠다.

2023년 7월 17일 충남 공주 수해현장에 가 실체적 대책은 하지 않은 채 카메라를 대동한 채 사진만 찍고 갔다는 식의 항의를 들었다.

대중가수 자우림의 김윤아가 원천수 관련된 발언을 이어가자 김윤아를 저격하는 발언을 했다.

김포시를 서울시에 편입하겠다는 발언을 하여 포퓰리즘을 노린 발언이라는 말로 많은 비판을 받았다.

독설 대중가수와 싸우지 말고, 고물가와 싸우면 안 될까?

김기현 의원의 정당은?

❀ 27 김교흥

출생 1960년 8월 30일

논란 2022년 10월 4일 국회 행정안전위원회 국정감사에서 이만희 의원에게 "버르장머리가 없다."라고 말하며 책상을 내리쳐 논란이 일었다. 정책 국감은 뒷전이고 오로지 막말과 고성이 오가는 국감 현장. 과연 국민을 어떻게 생각하기에 이런 행동을 할 수 있을까?

김교흥은 당내 선거 과정에서의 범죄 행위에 대한 공소시효를 6개월로 제한하는 특례를 두는 「정당법」 개정안을 발의했다. 제안 이유는 "현행법에 별도의 공소시효 특례가 없어 수사와 처벌이 장기간 방치될 수 있고, 수사기관의 선택적 수사나 기소라는 불필요한 오해도 불러올 수 있다."라고 밝혔다. 아울러 개정안에는 해당 규정이 법안 시행 이전에 발생한 범죄행위도 적용한다는 부칙도 함께 담겼다.

이 법안이 통과되면 당 전당대회 돈 봉투 살포 사건 모두 무죄가 나오게 된다.

독설 나 유죄라고? 아니야! 나 무죄야! 법 바꾸면 되잖아!

김교흥 의원의 정당은?

❀ 28 김남국

출생 1982년 10월 22일

논란 2019년 조국 수호 집회를 주최한 개싸움국민운동본부(현 개혁국민운동본부)가 20억 원의 후원금 중 4억 원의 보이스피싱 피해를 입고도 이를 알리지 않았다. 결국 시민단체로부터 그런 상황에서도 지속적인 정기 모금을 계속한 것은 사기라고 사기혐의로 고발당했다. 본인은 법적(?)으로는 이러한 사실은 알릴 의무가 없다고 말했다.

2020년 7월 7일 자신의 페이스북에 북한이냐는 소리가 나올 정도로 부동산값을 때려잡아야 한다고 주장했다. 하지만 부동산 문제로 지지율 폭락을 보이자 다주택을 너무 적으로 규정한 점을 반성해야 된다고 한 달 만의 입장을 선회하여 큰 비난을 받았다.

한동훈 법무부 장관 후보자 인사청문회 중 한국 3M을 한동훈 딸로, 이 모 교수를 이모로 지칭하여 많은 이들에 질타를 받았다.

이와중에 김남국은 가상화폐 보유 논란 사태가 벌어졌다. 그동안 김남국은 상경한 이후 월 100만 원을 벌게 해달라고 기도했다거나 매일 라면을 먹고 구멍 난 운동화를 아까워서 신고 다니는 등의 이미지 구축을 하였다. 하지만 실상은 국감장에서도 코인거래를 하는 것이 확인되었으며 가상자산에 소득세를 물리는 것을 유예하자는 법안까지 공동 발의까지 했다. 결국 자신이 취득한 이익을 보전하고자 법을 발의했다는 비판을 받기에 충분했다.

그리고 모든 관심이 자신에게 쏠리자 국회의원의 직무는 하지 않은 채 잠적했다. 그리고 윤리특위에 성실하게 소명하겠다고 했으나 실제로는 본인이 보기에 필요하다고 생각하는 자료만 선별하여 제출하고 윤리특위의 요구를 거부했다.

추후 탈당과 총선 불출마로 윤리특위의 국회의원직 상실은 면하게 되었다.

독설 이렇게 국정 활동을 해도 국민의 혈세를 받는 당신에게 우리는 할 말이 없다. 욕을 한들 들리지 않을 것이고, 화를 낸들 국민만 화병이 날 것이다. 단지 당신의 임기가 끝나기를 기다리는 것밖에는 국민이 할 수밖에 없다는 사실에 분노가 일어날 뿐이다.

김남국 의원의 정당은?

❀ 29 김도읍

출생 1964년 5월 25일

논란 2018년 10월 11일 국회 법제사법위원회의 헌법재판소 국정감사에서 "정부가 방송국에 방송관계자들에 대한 성 평등 교육을 의무적으로 실시하라고 했다"며 "이건 정부가 방송을 완전히 장악하겠다는 것"이라고 주장했다. 김도읍은 정부가 성 평등 문화콘텐츠 제작을 지원하는 것을 두고서는 "화이트 리스트 아니냐"는 주장을 펼쳐 논란이 일어났다.

실제로 화이트 리스트 용어는 박근혜 정부 당시 김기춘 대통령비서실장 등 청와대 관계자가 보수 시민단체 지원을 요구한 범죄사실을 지칭하는 용어다.

「텔레그램 N번방 방지법」 처리 과정에서 법안에 대한 충분한 이해도 없이 김도읍은 "청원한다고 법을 다 만드냐"며 심드렁한 반응을 보였다. 하지만 여론의 역풍을 맞고 그제서야 김도읍은 반대 취지는 아니었다고 해명했다.

독설 N번방 가해자들이 잡혀가도 겁을 안 내는 이유를 알았네!

김도읍 의원의 정당은?

❀ 30 김두관

출생 1958년 10월 23일

논란 조국 법무부 장관 후보자 딸 조민이 동양대 총장 표창장을 총장의 승인을 받은 적 없이 상을 받았다는 의혹에 대해 동양대 총장에게 전화를 걸어 압박했다는 논란이 일었다. 이에 대해 김두관은 청와대 분위기가 안 좋다는 것 전달했을 뿐 회유나 압박은 없었다고 말했다.

2020년 북한이 남북연락사무소를 폭파한 상황에 대해서 페이스북에 '전화위복'이라며 이 기회에 공동연락사무소를 1개를 둘 것이 아니라 2개를 만들자는 협상을 하자고 주장해 큰 논란이 일었다.

인천공항 보안요원 정규직 보안요원 정규직 전환 절차 논란과 관련해 구의역 김 군 사태를 언급하며 "조금 더 배우고 필기시험 합격해서 정규직 되었다고 비정규직보다 2배가량 임금을 더 받는 것이 오히려 불공정하다."라는 말을 했다. 그러나 김두관 의원 월급이 왜 경남도의원보다 많아야 하는지, 생산직 노동자에겐 주지 않는 차량비와 비서진들을 왜 김두관 의원에 제공하는지, 김 의원이 받는 대접은 공정한지에 대한 질문에 제대로 된 답을 못했다.

2021년 4월 전체 민간임대주택 150만 호 중 93%가 종합부동세를 면제받았다고 주장했다. 하지만 이건 실체 없는 통계를 말한 것이라 많은 비판이 일었다.

독설 자신의 기득권은 당연하고, 남이 노력하여 얻은 직장에 대해서는 폄하하는 시선. 자신의 기득권부터 최저임금에 준하게 내려놓은 뒤 그런 발언을 했다면 박수를 받았을 것이다. 하지만 그럴 일은 없을 것이다. 왜냐하면, 자신들은 선택받은 자들이기 때문이다.

김두관 의원의 정당은?

❀ 31 김미애

출생 1969년 10월 6일

논란 2020년 8월 21일 충청북도 청주시에 위치한 질병관리본부 청사를 방문하여 정은경 질병관리본부장을 만났다. 이 과정에서 비말 차단 기능을 인증받지 않는 망사 마스크를 쓰고 나와 큰 논란이 일었다.

코로나가 한창 유행한 2020년 9월 21일 백신 유통 과정에서 상온에 백신이 노출되는 사건이 일어났다. 해당 사건 당시 백신 유통 사건을 담당한 회사가 신성약품이라는 곳이었다. 김미애는 SNS에 "백신 대량 유통 경험도 없는 신성약품과 최고의원 김종민 의원이 사돈이란 뉴스가 사실인가요."라며 특혜 의혹을 제기했다.

하지만 김종민 의원의 딸은 대학 신입생이었고, 알고 보니 신성약품 회장 김진문의 사돈이 동명이인 김종민이었다. 그 사실이 밝혀진 뒤 바로 SNS 글을 삭제했다.

독설 상대 진영 공격하기가 당신의 정치 전략인가?

김미애 의원의 정당은 _____

❀ 32 김민기

출생 1966년 4월 28일

논란 2020년 8월 21대 전반기 부동산 시장 안정화와 투기를 근절하겠다며 다주택자에 대한 종부세 중과세율, 다주택자와 단기 보유주택에 대한 양도소득세, 다주택자 취득세율을 인상했다. 다주택자에 대한 종합부동산세를 강화한 것이다.

그리고 1년 후 2011년 8월 국회는 종합부동산세 부과 대상 기준을 올려 대상자를 축소하는 또 다른「종합부동산세법」개정안을 처리했다. 자산 불평등을 해소하고, 공정 과세 및 조세 형평성을 강화하겠다는 개정 취지를 1년 만에 뒤집고 법안이 바뀌었다.

김민기 의원은 두 안에 모두 다 포함되어 있다.

독설 로또 1등 되도 서울 집 못 사게 만든 것도 능력이다.

김민기 위원의 정당은?

33 김민석

출생 1964년 5월 29일

논란 2009년 3월 지인으로부터 불법 정치자금 7억 2,000만 원을 받은 혐의로 1심에서 징역 1년에 집행유예 2년과 함께 추징금 7억 2,000만 원을 선고받았다. 이후 2심에서 벌금 600만 원으로 형량이 낮아졌고, 대법원에서 2심 판결이 유지되어 2015년까지 피선거권을 상실하였다. 당시 선고받은 추징금 7억 2,000만 원 중 1억 원만 납부하고 6억 2,600만 원을 12년 후인 2020년 총선 출마 당시까지 납부하지 않았다.

김민석은 서울의 한 병원을 찾아 코로나 19 검사를 받으러 갔다. 당시 검사를 받기 위해 시민들은 줄을 서 있었는데 김 의원은 병원 측 안내를 받고 검사를 받았다. 특권의식으로 많은 비판을 받았다.

독설 추징금도 못 갚으면서 나라 살림을 운운한다.

김민석 의원의 정당은?

❋ 34 김민철

출생 1967년 11월 18일

논란 젠더폭력 신고상담센터에 김민철 의원의 보좌관이 여러 명이 모인 자리에서 여성 보좌진에게 부적절한 행동을 했다는 내용의 의혹이 신고되었고, 결국 보좌관을 제명하는 일이 벌어졌다.

2021년 9월 경기도 의정부시 공무원 2명이 거리에서 현수막 6개를 철거했는데 그 현수막은 당 대선후보 선거인단을 모집한다는 내용이었고, 현수막을 내걸었던 김민철 의원 측이 철거한 공무원들을 절도와 재물손괴 혐의로 고소한다.

이후 김민철 의원은 「옥외광고물 등의 관리와 옥외광고산업 진흥에 관한 법률 일부 개정법률안」을 대표 발의했고, "국민의 정치활동의 자유 및 그 밖의 자유와 권리를 부당하게 침해한 자는 5년 이하의 징역 또는 2,000만 원 이하의 벌금에 처한다"는 조항을 담았는데 행안부와 선관위에서 반대를 했음에도 법은 통과되었다.

이후 2023년 들어 정당 현수막이 전국의 거리를 뒤덮었고, 특히 아이들 학교 앞까지 과격한 내용의 현수막이 걸릴 뿐 아니라 현수막이 기하급수적으로 증가하면서 폐기물 처리 문제도 대두되었다.

독설 현수막 하나 지킨다고 공무원 고소하더니, 결국 온 나라를 현수막 천지로 만든 능력 놀랍네요!

김민철 의원의 정당은?

❀ **35 김병기**

출생 1961년 7월 10일

논란 2014년 국가정보원에 지원했다가 신원조사에서 떨어진 자신의 아들의 낙방이 부당하다는 의견을 여러 차례 국정원에 전달했다는 증언이 나왔다. 국정원 출신의 김병기 의원의 문제 제기가 이어지고, 국정원 내부에서는 김 의원 아들에 대한 불합격 처분 취소 여부를 검토했다. 2014년부터 국정원에 지원한 김 의원의 아들은 국정원 응시 4번째 만인 2016년 10월 경력직 공채에서 합격했다.

국정원을 감시하는 정보위 간사인 김병기 의원이 아들의 국정원 채용에 영향력을 행사했다면 직권남용이지만, 그 이후 김병기 의원은 답변을 거부했다. 그리고 국정원 대변인 역시 특혜를 주려고 내부 검토를 한 적 없다고 말했다.

독설 국정을 감시하는 게 본업이었나, 아니면 아들의 이력서를 감시하는 게 본업이었나!

김병기 의원의 정당은? _____

❀ **36 김병욱**

출생 1965년 4월 15일

논란 김병욱은 2013년 2월 경기도 성남시 분당구 수내동의 한 주점에서 술을 마시고 술값을 내지 않고 가려다 종업원들과 시비가 붙었고, 이에 출동한 경찰관 2명에게 폭언을 행사하며 김 모 순경의 멱살을 잡아 흔들고 정 모 경사의 턱을 오른쪽 팔꿈치로 때리는 폭행을 가했다. 파출소에 끌려가서도 정 모 경사와 파출소에 있던 다른 경찰관에게 주먹질을 하며 욕설을 하는 등 행패를 부렸다.

결국 2014년 12월 23일 대법원은 벌금 300만 원을 선고하였다.

독설 술에 취한 것은 핑계고, 권력에 취했던 거지?

김병욱 의원의 정당은?

✽ 37 김병욱

출생 1977년 4월 30일

논란 21대 총선 기간 포항지역의 환경을 주제로 한 SNS에 "썩은 땅에 새싹 하나 띄우기 참 힘들다. 그래도 뿌리내리겠다."라는 글을 써 지역 비하 논란이 일었다.

2020년 10월 「공직선거법」 위반으로 기소당했다. 위원직을 상실하나 검찰과 김병욱 측 모두 항소하며 장기화되었다. 그리고 결국 2021년 6월 3일 형이 감형되어 위원직을 유지하게 되었다.

20대 대통령 선거가 끝난 후 방영수칙 위반으로 논란이 일었다. 그 당시 사적 모임 기준으로 6명만 허용된 상황에서 10명이서 술자리를 가진 게 밝혀져 방역수칙을 위반하였다.

독설 썩은 땅 탓하기 전에 자신의 뿌리가 썩은 것 아닌지 돌아보길 바란다.

김병욱 의원의 정당은?

❀ 38 김병주

출생 1962년 2월 7일

논란 동해에서의 한미일 군사훈련이 진행됨에 있어 "한미일 동맹을 하면 일본 자위대가 들어올 수 있다", "중국과 러시아가 더 반기를 들어 북 비핵화가 어렵게 된다." 등의 발언을 하며 비판 수위를 높였다. 그런데 정작 과거 본인이 연합사 부사령관으로 재직하던 시절에도 한미일 해상훈련이 진행되어 이중 잣대 논란이 일었다.

군 퇴역연금보다 월급이 적은 지방의회 의원의 경제적 손실을 보전해 주기 위한 「군인연금법」 개정안이 발의되었지만, 법사위에서 형평성 논란을 언급하며 법안은 사실상 폐지가 되었다. 만약 이 법안이 통과되었다면 군 장성 출신인 김병주 의원이 혜택을 받는 법안이었다.

독설 홍상수 감독의 「지금은 맞고 그때는 틀리다」가 생각나는 이유는 무엇일까?

김병주 의원의 정당은?

❀ 39 김상훈

출생 1963년 2월 18일

논란 김상훈은 "MBC는 현 정부에 악의적인 보도와 의도적인 비난으로 뉴스를 채워왔다. 그러므로 MBC 광고 제품 불매운동에 동참하고 있는 분들은 사회적 기업이자 국민의 기업인 삼성과 여러 기업이 MBC에 광고로 동력을 제공하는 것을 즉각 중단해야 하며, 이는 선택이 아닌 의무다."라고 역설했다.

이에 한국기자협회는 "역사의 시계가 48년 전으로 돌아간 것 같다."라며 규탄 서명을 냈다.

이태원 사고 시민대책위를 향해 참사 영업을 한다며 2차 가해 발언을 하였다.

김상훈 의원의 전언은 다음과 같다.

"(국가적 참사를) 숙주로 삼아 참사 영업상이 활개 치는 비극을 똑똑히 봤습니다. 이들은 참사가 생업입니다. 진상이 무엇인지는 관심이 없습니다."

독설 참사를 숙주로 삼는 건 이태원 사고 시민대책위가 아닌 공감을 잃어버린 당신의 말이 아닐까요?

김상훈 의원의 정당은?

❀ 40 김상희

출생 1954년 5월 18일

논란 2013년 「성매매 알선 등 행위의 처벌에 관한 법률」 일부 개정안으로 국회에 제출하면서 성을 사는 남성은 처벌받지만 파는 여성은 처벌하지 않는 일명 노르딕 모델을 제안했다. 자발성 성매매를 한 여성은 피해자로 보고 처벌하지 않는 내용도 포함되어 큰 논란이 일었다.

2020년 7월 14일 박원순 성폭행 사건과 관련해 피해자를 피해 호소인으로 불러서 2차 가해를 가했다는 논란이 일었다. 2023년 8월 23일 금융감독원은 김상희 의원이 라임펀드에 투자를 했는데 라임자산운용이 환매 중단을 선언하기 1~2개월 전 2억 원의 자금을 돌려받았다고 발표했다.

라임 사태로 인해 많은 이들이 피해를 봤다. 하지만 김상희 의원만 일반인 투자자들이 가입한 상품에 비해 압도적으로 유리한 환매 조건을 갖췄던 것으로 드러났다. 이에 대해 김상희 의원은 특혜성 환매 의혹을 제기한 금융감독원의 이복현 원장을 고소·고발하며 "총선을 앞둔 흠집 내기 정치공작"이었다며 민사상 손해배상도 청구했다.

독설 많은 이들이 피눈물을 흘릴 때, 유독 당신의 펀드만 미소 지었네요.

김상희 의원의 정당은?

❀ 41 김석기

출생 1954년 8월 6일

논란 용산 참사 당시 서울지방경찰청장으로서 경찰특공대 투입을 명령했으나 허술한 진압 작전으로 인명피해를 발생시켰다. 그리고 경찰청 수사국을 통해 여론을 조작한 것까지 드러났다. 용산 참사 이후 경찰은 사이버 수사요원 900여 명을 동원해 인터넷 여론을 분석하고 경찰 비판 글에 반박 글을 올리는 등 적극 대응했던 것으로 밝혀졌는데, 그 당시 책임자가 김석기였다. 실제로 청와대 행정관이 경찰청 홍보담당관에게 "사건 파장 확산을 막기 위해 시대의 살인마 강호순 사건을 적극 활용하라"는 취지의 이메일을 보낸 사실까지 드러나 파장이 더 커졌다.

무혐의로 드러났지만 엄연한 사실이기에 아직까지도 책임지지 않는 자세라는 비판을 받고 있다.

그 밖에도 "일본 자민당 정부는 한국 정권 교체를 바란다."라는 발언을 하여 큰 논란을 일으켰다. 문재인 대통령이 대통령 선거 과정에서 간첩의 도움으로 당선을 했다는 것은 분명한 사실이라고 말했다.

독설 법적 책임은 무죄지만, 국민은 당신의 무책임을 기억합니다.

<u>김석기 의원의 정당은?</u>

❀ 42 김선교

출생 1960년 9월 18일

논란 양평군민들 중 일부가 김선교 양평군수의 양평공사, 국악연수원의 횡령과 배임 행위와 관련하여 김선교를 고발했다. 고발자는 김선교가 양평군수로 재직 당시 양평공사에 수십억 원에 달하는 불법성 자금을 집행하고 강상면 송학리 국악연수원에 건축비 및 도로 개설 비용 등으로 30억여 원의 불법성 자금 지원을 한 것은 횡령 및 배임에 해당한다는 내용의 고발장을 접수했다.

실제로 양평공사 경영진을 선임했던 사람은 김선교이며, 적자 규모가 200억 원에 달했다. 그 금액이라면 양평군 내 공공사업을 할 수 있는 부분이다.

양평군 지역 언론에서는 김선교가 양평군수가 된 이후에 계속 오만한 태도를 보이고 있다고 지적했다. 그런 상황 속 김선교는 자신에게 불리한 기사를 기자들이 쓸 때에는 SNS에 올린 기자들을 고소하는 모습을 보였다. 그 밖에도 잦은 보좌진 교체와 관련된 갑질 논란이 일었다.

그 밖에도 서울양평고속도로 노선 변경과 무산 관련하여 거짓말 논란에 휩싸였다.

독설 기자를 고소하기 전에 국민은 당신의 책임을 고소하고 싶다!

<u>김선교 의원의 정당은?</u>

❀ 43 김성원

출생 1973년 10월 15일

논란 2019년 7월 18일 뉴스1 단독으로 김성원이 음주 상태의 비서가 몰던 차량을 타고 이동 중 교통사고를 당해 병원으로 이송되었다는 보도가 나왔다. 사고를 낸 운전자는 문제가 없었던 반면에 김성원 의원이 탑승했던 차량을 운전한 비서에게서 면허취소 수치가 나왔다. 이에 경찰은 김성원 의원에게 음주운전 방조 혐의 적용을 검토했으나 결국 블랙박스 손상으로 사고 당시의 상황을 복기할 수 있는 증거를 확보할 수 없어 결론적으로 혐의 없음으로 처분되었다.

2022년 중부권 폭우사태로 인해 많은 사상자가 난 곳에 수해봉사 활동을 하다 "솔직히 비 좀 왔으면 좋겠다. 사진 잘 나오게."라는 망언을 해 큰 논란을 일었다.

독설 책임지는 것을 배우기보다 블랙박스를 손상시키는 법을 배웠군요.

김성원 의원의 정당은?

❀ 44 김성주

출생 1964년 4월 10일

논란 2018년 추석 전주 덕진구에 자신의 이름이 적힌 국민연금공단 현수막을 내걸었다. 문제는 국민연금공단은 단 한 번도 추석 현수막을 제작한 적이 없다는 점이었다.

2022년 2월 7일 국회 보건복지위원회 전체회의 도중 정은경 질병관리청장에게 질의하는 과정에서 정부가 마치 방역에 실패하고 코로나로 인해 전국에 엄청난 난리가 난 듯이 질문하는 의원들의 내용을 문제 삼아 "여당 후보를 찍도록 안정적으로 코로나를 관리를 해달라"고 말해 큰 논란이 일어났다.

독설 코로나 시국에도 국민 걱정보다는 자신들의 기득권 안위가 중요한 당신. 국민들의 아우성과 절규가 들리겠는가?

김성주 의원의 정당은?

❀ 45 김성환

출생 1965년 10월 15일

논란 총선 승리를 위해 총투표 수에 따른 비례대표 의원을 받는 병립형 비례제 회귀를 주장했었다. 하지만 계산기를 두들겨 본 후 김성환 의원을 위시한 의원들이 정당 득표율에 따라 각 당에 의석수를 배분한 뒤, 지역구에서 얻은 의석 수가 그에 미치지 못할 경우에 비례대표로 채워주는 방식에 현행 '준연동형 비례제'를 유지하는 방향으로 기류를 바꿨었다.

이렇게 되면 거대 양당이 위성정당을 만들면서 '꼼수'라는 비판이 일 수밖에 없는 문제가 발생한다.

독설 민의를 왜곡하는 계산 정치는 결국 국민의 분노라는 대가를 치를 것이다.

김성환 의원의 정당은?

❀ 46 김수흥

출생 1961년 4월 29일

논란 김수흥이 농림축산식품부 산하 공공기관을 방문한 자리에서 직원들에게 갑질을 했다는 주장이 나왔다. 국회의원이 왔는데 부재중이었고, 그에 따라 욕을 했다는 증언이 나왔다. 그런데 여기에서 더 문제가 된 것은 "국회의원은 시민의 대표이기 때문에 노조에게 개**라고 욕할 수 있다."라는 취지의 말을 해 막말 논란에 휩싸였다.

 국회 공무원을 하면서 예산 관련 일을 했는데, 이 시절 자신의 권한을 고향인 익산시의 이권을 챙겨주는 데 이용했다는 의혹이 일었다. 대표적인 것이 새만금사업 기반구축 예산확보와 주요 재원의 삭감 방지 및 증액으로 전북도청에서 감사패를 받았다. 실제로 이것을 21대 총선 공보물에 미담처럼 쓰였다.

독설 국가의 주인인 국민인 우리가 당신을 욕해도 당신은 가만히 있을까?

김수흥 의원의 정당은?

❀ 47 김승남

출생 1965년 10월 6일

논란 2022년 2월 18일 이재명 대선후보의 목포 유세에서 윤석열 당시 대선후보를 겨냥해 "문 대통령이 국민으로 통제받는 검찰 만들라고, 검찰개혁 하라고 검찰총장 시켜놨는데 검찰총장 되자마자 대통령병에 걸려서 검찰개혁은 안 하고 국민의힘으로 줄행랑쳐서 대통령이 되겠다고 하고 있다. 조선 시대 같으면 왕명을 거부했기 때문에 삼족을 멸했다."라고 말해 큰 논란이 일어났다.

독설 대통령의 심기를 보는 것이 아니라 국민의 심기를 봤다면 당신이 말한 사람이 대통령이 되지 않았을 것이다.

김승남 의원의 정당은?

❀ 48 김승수

출생 1965년 7월 5일

논란 국민권익위원회에서 부동산 불법거래 의혹이 있다고 지목한 여당 국회의원 12명에 포함되었다. 하지만 김승수는 아버지께 적법하게 증여받아 부동산 투기 의혹과 관련이 없다고 밝혔다.

2023년 여름 한반도 폭우사태로 사상자가 많이 발생한 가운데 지역 당원 120여 명과 경상북도 울진군으로 당원 연수를 다녀와 논란이 되었다. 연수 당일인 15일 오후 김승수 의원의 지역구에서도 실종자가 발생하고, 전날부터 폭우 예보가 이어졌음에도 국회의원의 지역구를 벗어난 것 자체가 직무 유기라는 비판이 일어났다.

지역구에 현수막을 붙여 소소한 업적을 내세우고 자신이 소속된 당의 입장을 적극적으로 표현하기로 유명하다. 그러다 보니 정치 현수막으로 자신의 치적을 내세운다는 비판을 받고, 실제로 게시 기간을 넘겨도 철거하지 않아 미관을 해친다는 신고로 인해 구청 직원들이 괴로워하는 일이 발생하고 있다. 아이러니하게도 자신의 상황과는 다르게 정치 현수막으로 제한하려는 「옥외광고물 등의 관리와 옥외 광고산업 진흥에 관한 법을 일부 개정법률안」에 공동 발의를 해놓은 상태다.

독설 직무는 유기하고, 업적은 과대 포장하며, 법안은 모순적이라면 국민이 기대할 건 도대체 무엇인가?

김승수 의원의 정당은?

✿ 49 김승원

출생 1969년 7월 8일

논란 2020년 7월 30일 폭우로 인한 각종 피해가 발생하고 있고, 대전에서 물난리가 나 피해가 발생하고 있다는 속보가 나오는 가운데 몇몇 의원들과 함께 활짝 웃는 사진을 찍어 논란이 되었다.

2021년 8월 31일 「언론중재법」 개정을 주도했던 김승원은 「국회법」에 의해 「언론중재법」 본회의 상정이 좌초되자 페이스북에 심정을 토로하면서 당시 박병석 국회의장을 향해 그냥 '박병석'이라고 직함 떼고 이름만 부르고, 'GSGG'라고 불러 큰 논란이 일었다. 이 의미불명의 표현을 두고 많은 사람이 그냥 개XX(Gae Sae GGi)라는 욕설이라고 해석하여 큰 비판을 받았다.

윤희숙 의원이 사퇴 표명을 했고, 이는 누구나 볼 수 있는 국회의안 정보시스템에 공개되어 있었다. 하지만 김승원은 방송에 출연하여 "사퇴하려면 이제 사표도 내야 하고 본회의에 의안으로 올라가야 하는데, 지금 사표를 냈다는 이야기를 제가 들어본 적이 없고요."라고 말했다. 결론적으로 김승원의 말은 거짓말이었고, 방송에서 가짜뉴스를 이야기한 꼴이 되었다.

아이러니하게도 김승원은 가짜뉴스로 인한 피해를 막겠다며 「언론중재법」 개정을 추진했던 인물이라 더 큰 비난을 받았다.

독설 당신이 말한 가짜뉴스가 「언론중재법」 개정으로 인해 유죄 판결되었다면 당신은 지금 국회의원이 아니다.

김승원 의원의 정당은?

❀ 50 김영배

출생 1967년 3월 8일

논란 2020년 3월 10일 경선 상대인 유승희 후보에게서 경선 과정에서 지지자들에게 부정한 방법으로 여론조사에 응답하도록 했다는 혐의로 고발을 당했다. 고발당한 내용은 공천 적합도 여론조사에서 유리한 결과를 얻으려고 응답자들에게 연령이나 주소를 속이라고 지시한 내용이었다. 하지만 그해 8월 4일 불기소로 사건이 종결되었다. 송경호 중앙지검장과 이재명 당 대표에 대한 수사 진행에 대해서 검찰의 무능함을 지적하며 야당 탄압이라며 목소리를 높였다. 이에 송경호 중앙지검장은 김영배 의원은 이재명 의원의 변호인이 아니라며 반박했다.

독설 민주주의 사회는 국민이 주인이고, 국민은 투표를 통해 주권을 행사한다. 그런데 권력인이 여론조작을 했다면 민주주의 사회에서 가장 큰 죄다.

김영배 의원의 정당은?

❀ 51 김영식

출생 1959년 8월 21일

논란 2021년 2월 공동성명으로 원전 문제에 대한 여당의 입장을 비난했는데 이 자리에서 여당에 대해 집단적 조현병이 아닌지 의심스럽다고 비난해 장애인 비하 논란을 빚었다.

김건희가 캄보디아 프놈펜의 한 선천성 심장질환을 앓고 있는 환아의 집을 찾아 건강 상태를 살피는 사진이 언론에 노출되는 것에 대해 장경태 의원이 빈곤 포르노라고 비판하는 일이 벌어졌다. 그러자 김영식은 김건희 여사에 대해 대한민국의 국모인데 그런 말을 할 수 있냐며 반박했다.

독설 김건희를 대할 정도로 국민을 대했다면 당신의 말은 존중받았을 것이다.

<u>김영식 의원의 정당은?</u>

❀ 52 김영주

출생 1955년 9월 13일

논란 2017년 8월 11일 증여세 탈루 의혹이 이슈가 되었다. 김영주의 외동딸이 특별한 경제활동을 하지 않았음에도 지난 10년간 1억 5,000만 원 이상이 늘어난 것이다. 이런 논란에 대해 "딸이 박사 과정 중 연구 조교 등으로 경제활동을 했으며, 외동딸이기 때문에 세뱃돈도 상당히 많이 받았다."라며 "명절이 되면 200만 원가량 세뱃돈을 받았고, 이런 돈을 모은 통장이 20여 개가 된 것이다."라고 해명해 큰 논란이 일었다.

정의기억연대 위안부 피해자 이용 논란이 터지자 윤미향을 옹호하고 윤미향 비판자들을 친일몰이 했다. 격하게 반일주의를 소리치던 본인은 일본으로 관광을 가기 위해 계획을 짜는 모습이 TV 속에 고스란히 나왔다. 게다가 평의원이 국회 회의 중 딴짓 하는 것도 지탄을 들을 사안인데, 현직 국회의장이 국회 회의 중에 딴짓을 한 것이라 크게 욕을 먹었다.

게다가 골프비 대납 의혹까지 일어났다. 사적 문자를 올린 것에 대한 사과글을 올렸다지만, 후쿠시마 오염수 방류 문제에 대한 모순적 태도와 문자의 내용에 대해서는 입을 다물어 큰 비판을 받고 있다.

독설 당신 딸의 세뱃돈은 최저임금을 받는 노동자의 월급, 국회에서 일을 안 하며 일본 여행 알아보는 당신의 임금은 대한민국에서 상위 0.1% 월급.

김영주 의원의 정당은?

❀ 53 김영진

출생 1967년 9월 10일

논란 2020년 9월 29일 서해 공무원 피살 사건과 관련해서 "'시신을 불태웠다'는 문구가 이 사건의 본질적 요소는 아니다."라고 주장했다. "시신을 불태웠다는 말은 자극적이고 말 폭탄적인 성격이 있다. 이런 사항들은 남북 간 확인과 공동조사를 통해 나왔을 때 추가해도 충분하지 않냐고 생각했던 부분이 있다"고 말해 북한을 대변하냐는 논란이 일었다.

현재는 국회의원 중 국회의장만 가능하지만, 나머지 국회의원도 국립 현충원에 안장하자는 법안 발의에 찬성하면서 논란이 되었다.

독설 북한에 의해 처참하게 피살된 사건에 대해서는 북한 눈치 보고, 자기 특권 세우는 것에는 당당하게 발의하는 당신. 과연 국민을 위한 정치인가?

김영진 의원의 정당은?

❀ 54 김영호

출생 1967년 9월 13일

논란 2019년 10월 10일 행정안전위원회 대구광역시에 대한 국정감사 도중 "대구가 수구 도시"라는 발언을 해 지역 비하 논란으로 몰매를 맞았다. 실제 유신정권 시대의 경험 때문에 재선이 될 때까지 상대방 진영과 식사조차 단 한 번도 안 할 정도로 아직도 적개심이 매우 크다고 한다.

정부의 후쿠시마 오염수 안전 영상에 출연한 박보경 아나운서를 겨냥해 "이 아나운서를 포털에서 찾아보니 정말 놀라운 기록이 나왔다. 현재 국민의 힘 당무위원이자 정치가로 분류로 돼 있다."라며 이 아나운서가 윤석열 대통령 취임행사, 순천만국제정원박람회, 한국자유총연립 창립 69주년 행사, 광복절 경축식 사회를 맡았다며 그간 정부에서 행사비로 지급받은 급여 내역을 모두 제출하라고 했다. 하지만 결론적으로는 박보경 아나운서는 정당 가입한 적도 없고, 대통령이 참석하는 행사 중 11개 행사 참석한 건데 마치 공개석상에서 그냥 제기해 보고 말면 수습은 누가 하냐며 무책임한 모습을 보인다며 비판받았다.

독설 지역 비하로 얻은 건 논란, 국민이 깨달은 건 당신의 지격이다.

김영호 의원의 정당은?

❀ 55 김예지

출생 1980년 12월 13일

논란 선천성 망막색소변성증으로 1급 시각장애 판정을 받았지만 일반전형으로 숙명여대 피아노과에 입학하고, 미국 위스콘신 대학교 음대에서 피아노 연주 교수법 전공으로 박사학위를 받아 인간승리의 주인공으로 불리고 비례대표로서 국회에 입성하였다.

  2022년 3월 27일 전장연의 이동권 시위를 지지하며 참석하겠다고 밝혔고, 실제로 다음 날 전장연 시위에 참석하여 당시 당 대표였던 이준석과 갈등을 빚었다.

독설 전장연이 주장하는 장애인 이동권은 국가 차원에서 관심을 가져야 하는 것은 맞다. 하지만 전장연 시위로 인해 피해 보는 선량한 시민들은 무슨 죄일까?

김예지 의원의 정당은?

❀ 56 김용민

출생 1976년 6월 5일

논란 코로나 재확산으로 정부 여당이 '추석 고향 방문 자제'를 당부하는 가운데 심야까지 동료 국회의원들과 술자리를 가져 논란이 되었다. 검찰개혁을 언급하면서 군자금이 부족해 저랑 의원실 보좌진들이 굶고 있다. 매일 김밥이 지겹다며 앵벌이성 후원금 모집 글을 올렸다. 자신을 조국 똘마니라고 말한 진중권 전 동양대 교수를 상대로 민사소송을 제기해 논란이 일었다. 일반 국민에 대한 국회의원의 소송이었다는 점에 더 큰 비판을 받았다.

코로나 19 상황으로 온라인을 통해 의정보고회를 개최한다며 지역 커뮤니티에 관련 글을 게재하고 사전 질문을 받았다. 그런데 문제는 그곳에 「개인정보보호법」에 어긋나는 것을 요구하면서 논란이 일었다. 평소 김용민은 변호사 시절부터 「개인정보보호법」에 예민했는데 정작 자신에게는 관대하여 내로남불 행보라며 큰 비판을 받았다.

한동훈 장관이 미국 연방 법무부 장관을 만나러 출장을 간다고 해 놓고 장관을 만나지 못하고 차관보를 만나고 왔느냐며 딸 문제로 수사를 무마하기 위해 갔다는 의혹 제기를 하였지만, 이 폭로 역시 명백한 허위사실이었다. 되려 미국 법무부 장관의 수술 일정 때문에 한동훈 장관이 배려한 것이었고, 정작 김용민은 검수완박 관련해서 독일 출장을 갔는데 그 세부 일정을 어디에도 공개하지 않았다. 그 이유는 독일은 출장의 요지와 맞지 않게 기소, 수사권이 분리된 나라가 아니기 때문에 출장 명분이 서지 않았기 때문이다.

2023년 10월 31일 윤석열 대통령이 악수를 청하자 윤석열에게 "이제 그만두셔야죠."라고 말했다고 자신의 페이스북에서 주장했다. 또한 한동훈을 향해서는 "금도를 지키지 못하면 금수다. 한동훈은 민주주의를 파괴하는 금수의 입으로 결국 윤석열 대통령을 물 것"이라는 짧을 글을 올려 논란이 되었다.

독설 묻지 마 강성지지층만 바라보는 정치. 일반 국민들은 한숨만 나올 뿐이다.

<u>김용민 의원의 정당은?</u>

❀ 57 김용판

출생 1958년 1월 5일

논란 김용판이 달서경찰서장으로 재직하던 2002년 대구 성서 초등학생 살인 암매장 사건 피해자들의 유골이 발견되었는데, 당시 달서경찰서는 자연사 추정으로 발표하고 시신 수습 과정에서 법의학자의 부검마저 사인 규명에 실패하게 될 정도로 말도 안 되는 실책으로 심각한 부실 수사를 저질렀다.

서울지방경찰청장으로 재직할 당시 국정원 여직원 댓글 여론조작 사건이 일어났다. 결론적으로 무죄를 선고받았으나 재판부의 판단에 많은 이들이 고개를 갸웃거릴 정도였다. 심지어 국정조사에서 김용판은 증인 선서 거부라는 납득할 수 없는 행보까지 보여 화제가 되었다.

2021년 10월 18일 행안위 국정감사장에서 이재명 지사가 조폭에게 뇌물을 받은 증거라며 제시한 사진이 거짓으로 드러나 큰 논란이 일었다.

독설 블라인드 자격심사였다면 김용판이 국민의 대표가 될 자격이 되었을까?

<u>김용판 의원의 정당은?</u>

❀ 58 김웅

출생 1970년 5월 5일

논란 2021년 9월 2일 과거 윤석열 전 검찰총장 시절이었던 2020년 4월 총선 직전에 손준성 당시 대검찰청 수사정보정책관이 김웅 당시 후보에게 두 차례에 걸쳐 여권 인사를 고발할 것을 종용했다는 의혹이 제기되었다. 검언유착 의혹을 보도한 문화방송, 그리고 김건희의 주가 조작 의혹을 보도한 뉴스타파 관계자 역시 고발 대상에 포함되었다.

이런 의혹에 대해서 김웅은 제대로 된 해명을 못 하고 계속 말이 바뀌어 발언의 신뢰성 논란이 일어났다. 심지어 2021년 10월 6일 조성은과의 통화녹음 파일이 디지털 포렌식으로 복원되면서 검찰의 고발 사주 사건에 연루되었음이 확인되었다.

아직까지도 김웅은 이 부분에 대해서 기억이 안 난다는 답변을 해 크게 비판받고 있다.

특권 내려놓기 차원에서 당에서 불체포특권을 포기하자고 말했지만, 김웅은 반헌법적이라며 반기를 들어 화제가 되었다.

독설 불체포특권이 혹시 자신의 신변안전을 위한 안전바 아닌가?

김웅 의원의 정당은?

❀ 59 김원이

출생 1968년 11월 11일

논란 2022년 1월 김원이 의원의 목포시 지역 보좌관 유 모 씨가 같은 사무실 내 여직원에게 성폭력 혐의로 피소되었다. 유 모 씨 같은 경우 선거 캠프에서 조직과 정책 분야를 담당했고, 김원이 의원의 대리인 역할을 하다가 2021년 5월부터 지역 보좌관으로 임명되었다. 피해자가 당에 피해 사실을 알린 후 당의 자체 조사를 실시하던 12월에 유 모 씨는 당을 탈당했고, 보좌관실에서도 면직되었다. 그러나 이때 유 모 씨는 아무런 징계 절차 없이 바로 탈당했다. 또한 유 모 씨는 보좌관 재임 기간 동안 국가공무원상 겸직이 금지되었음에도 불구하고 약 8,000만 원의 연봉을 받는 4급 보좌관과 동시에 개인사업체를 운영했음이 밝혀져 김원이 의원에게 책임을 물을 수밖에 없는 상황이었다.

그러는 와중에 2022년 5월 11일 김원이 의원의 최측근이 피해자를 협박하고 김원이 의원도 피해자에게 합의를 종용한 것으로 알려져 큰 논란이 일었다. 결국 피해자는 김원이 의원을 2차 가해의 주체로 당에 고발하였다.

그 밖에도 목포지역의 8,000명의 입당원서와 개인정보를 유출하여 큰 논란이 일었다. 하지만 김원이 의원은 이 부분에 대해 짧은 입장문만을 서면으로 발표했을 뿐 국회 일정 등을 이유로 직접적인 사과를 하지 않았다.

독설 성폭행 피해자의 고통보다 자신이 그 사건으로 인해 구설수에 올라가는 것이 겁나는 사람이 과연 국민의 고통을 이해하고 배려하는 정치 리더십을 발휘할 수 있을까?

<u>김원이 의원의 정당은?</u>

❀ 60 김윤덕

출생 1966년 7월 11일

논란 2022년 11월 21일부터 26일까지 5박 6일 일정으로 아랍에미리트와 카타르에 '2022 FIFA 월드컵 참관과 운영실태 파악 및 관계자 면담을 통한 국제 체육대회 유치 및 운영에 대한 의회 차원 지원 방안 모색'이라는 명목으로 출장을 갔다. 그런데 문제는 이 당시 이태원 참사가 불거졌고, 이태원 참사 진실 규명과 관련된 국정조사 표결이 예정된 국회 본회의에도 불참하였다. 더군다나 출장을 같이 간 류호정 의원이 SNS에 카타르 도하에서 손흥민의 대형사진을 배경으로 찍은 사진을 올리면서 외유성 출장을 갔다는 논란이 증폭되었다.

  국가 망신으로 불리는 잼버리 부실 운영 관련되어 김윤덕 의원은 2018년 9월 미국, 영국 2019년 7월 미국으로 출장을 다녀왔다. 그 당시 김윤덕은 '한국스카우트 전북연맹 연맹장' 자격으로 출장자 명단에 포함되었다. 그런데 문제는 미국 출장에서 잼버리 참관 일정은 7월 31일과 8월 1일 이틀뿐이었던 것으로 확인되었다. 결국 잼버리 사태는 국가적 망신으로 자리 잡고 그 어떤 누구도 책임지지 않는 졸속 행정의 끝을 보여줬다.

독설 잼버리 사태가 국가적 망신이라면, 당신은 그 중심에 선 부끄러움이다.

김윤덕 의원의 정당은?

❀ 61 김은혜

출생 1971년 1월 6일

논란 용산 철거민 사망 사건에 대해 김은혜 당시 부대변인은 "이런 과격시위의 악순환이 계속될 수 있는데 이번 사고가 그런 악순환을 끊는 계기가 됐으면 좋겠다"는 말을 하여 크게 논란이 일었다.

  2011년 11월 11일 MBC 『PD수첩』의 '공정사회와 낙하산' 편에서 이명박 정부의 낙하산 인사 306명 중 하나인 것으로 폭로되었다. 특히 김은혜는 KT의 콘텐츠 담당 전무로 채용되었는데, 원래 없던 임원직으로 신설해 채용되어 낙하산 논란에 기름을 부었다. 게다가 이 의혹을 비판하는 인터뷰를 했던 직원이 다른 직군으로 보복 인사되어 더 큰 논란이 일어났다.

  제8회 전국동시지방선거 경기도지사 후보 시절 선거운동 과정에서 본인을 경기도 교육 격차 해소를 고민하는 '경기맘'이라고 홍보했는데, 실제 김 후보의 자녀는 경기도에서 다닌 적이 없고, 서울에서 미국으로 고액의 조기유학을 한 것으로 드러났다.

2012년 9월부터 두 달 동안 진행된 'KT 대졸 신입사원 하반기 공개 채용'에 지인으로 추정되는 김 모 씨의 취업을 청탁했는데, 처음에는 사실무근이라고 해명했지만 추후에는 "KT의 누구에게 추천했는지 기억은 안 나고 회사 내부 기준에 부합하는 인재라면 뽑아주고, 아니라면 탈락시키라는 식으로 설명한 것 같다."라며 유체이탈식 답변을 하였다.

2022년 5월 30일 김은혜는 원래 재산보다 약 16억 1,700만 원을 축소 신고했고, 김은혜는 실무진 착오라며 논란을 일축했지만 그 많은 돈을 축소 신고한 것이 과연 실무진 착각인지에 대해서는 큰 논란이 일어났다.

2022년 9월 22일 윤석열 대통령이 미국 순방 중 "국회에서 이 새끼들이 승인 안 해주면 **** 쪽팔려서 어떡하냐"는 믿을 수 없는 막말을 하는 것에 대해 두둔하는 과정에서 욕설 대상이 미국 의회가 아닌 한국 국회라는 황당한 해명을 하여 같은 당 소속 사람들도 아연실색하는 촌극이 빚어졌다.

2022년 11월 7일 국정감사장에서 강승규 시민사회수석의 메모장에 "웃기고 있네."라는 막말을 적었다가 언론에 노출되어 큰 논란을 빚었다.

독설 국민의 알 권리를 위해 언론인이 되었는가? 아니면 권력인의 확성기가 되어 국회에 들어가고 싶었던 것인가?

김은혜 의원의 정당은?

✽ 62 김정재

출생 1966년 2월 15일

논란 2018년 연말 중남미로 스카우트의원연맹 해외출장을 나가 일정에 없던 피라미드 유적 관광지를 방문하여 묻지 마 외유 관광성 해외출장 논란이 일었다. 2019년 8월 31일 조국 사태에 대해 조국에게 "또다시 드러난 조국의 위선, 사무실 꽃 보며 자위나 하시라."라는 제목의 논평을 내어 성희롱 논란이 일었다.

 2022년 태풍 힌남노로 인해 포항지역에 사상 초유의 피해가 발생한 상황에서 포항 시내 곳곳에 "따뜻한 한가위 힘 나는 민생경제"라고 적힌 현수막 50여 개를 걸어 큰 논란이 일었다. 워낙 큰 피해를 입은 상황에 다른 정치인들은 추석 현수막을 걸지 않았는데 홀로 현수막을 걸며 안하무인이라는 비난을 받았다. 2023년 상반기 재보궐선거 교육감 선거에서 자신의 진영이 패배한 것에 대한 반성을 하는 것이 아닌 "골목 선거 가지고 큰 의미를 둘 필요 없다"며 결과의 심각성을 몰라 큰 비판을 받았다.

독설 외유성 출장으로 얻은 건 추억, 잃은 건 국민의 신뢰다.

<u>김정재 의원의 정당은?</u>

✽ 63 김정호

출생 1960년 6월 18일

논란 2018년 12월 20일 김해국제공항행 비행기를 타기 위해 대기 중이던 노동운동가 출신 김정호 의원이 공항직원에게 탑승권과 신분증을 제시하라고 요구받았는데 이때 김 의원이 탑승권만 제시하고 신분증을 제시하지 않았다. 그에 따라 공항직원이 신분증을 지갑에서 꺼내 달라고 하자 "내가 국토위 국회의원인데 그런 규정이 어디 있다는 것인지 찾아오라! 빨리 안 찾고 뭐 하냐. 이**들이 똑바로 근무 안 서네."라며 갑질을 해댔다. 더 문제가 된 것은 실제로 그런 규정이 있었다는 사실이다.

비판적인 여론에 대해 자숙해도 모자랄 판에 "갑질 당한 것은 나"라며 적반하장 태도를 보여 더 논란을 키웠다.

대형 마트 출점을 사실상 금지하는 법안을 발의하였다. 김정호 의원이 대표 발의한 「유통산업발전법」 개정안에 의하면 전통시장 반경 20km 내에 대형 마트를 지을 수 없다는 이야기인데, 이 법안이 현실화되면 앞으로 전국에 대형 마트나 쇼핑몰이 들어설 수 있는 곳은 강원도와 경상도 일부 지역 빼고는 없다. 결론적으로 현실을 전혀 고려하지 않는 법안이라 많은 이들의 빈축을 샀다.

2022년 5월 2일 『세계일보』에 따르면 청와대 매점 운영자였던 김 씨에게 전화와 문자메시지로 전통차 '***'을 청와대 기념품으로 지정해줄 것을 요청했다. 그러자 김 씨는 "납품받는 제품의 질이 갈수록 떨어졌다고 생각했고 단가나 물량 등에 대해 요구 사항을 따르지 않았기 때문에 기념품에서 제외했다."라고 말했다. 이어 "제외 당시 업체 측이 접촉하고 같은 정부 출신끼리 왜 그러느냐고 말하기도 했다"고 밝혀 큰 화제가 되었다.

독설 당신의 갑질 행동은 당신의 과거 김정호가 용서했을까?

김정호 의원의 정당은?

❀ 64 김종민

출생 1964년 5월 12일

논란 조국 딸 논란 관련해 "보편적 기회다. 어느 학교에 교수 부모가 있는 학교에선 가능한 것이다. 특별한 사람에게만 주는 게 아니라 신청하면 접근할 수 있는 기회고 제도였기 때문에 특혜는 아니다."라고 말해 큰 논란이 일었다. 2019년 9월 6일 조국 법무부 장관 후보자 인사청문회에서 조국 딸의 동양대학교 표창장 논란과 관련해 "고려대 학생이 유학을 가든 대학원을 가든, 동양대 표창장이 뭐가 필요하겠느냐."라고 발언해 지방대 비하 논란이 있었다.

조국 장관이 사퇴하고, 부인 정경심 교수가 구속된 상황에서 라디오 방송에 나와 조 전 장관 부부의 차명주식 매입 의혹에 대해 "대단한 것처럼 보이지만 지금 한 1억, 그니까 검찰 추정대로 하더라도 1억 2천만 원 돈을 버는 것이에요."라고 말을 하며 큰돈 아니라는 뉘앙스로 말해 많은 이들의 비난을 샀다.

독설 인도에만 카스트 제도가 있는 것이 아니다. 김종민이 생각하는 한국 사회도 카스트 사회고, 자신과 자신의 기득권 지인은 브라만 계급이라 무죄다.

<u>김종민 의원의 정당은?</u>

❀ 65 김주영

출생 1961년 10월 15일

논란 한국전력공사 직원 출신으로 전국전력노동조합 위원장 및 한노총 산하 공공노련 위원장, 그리고 한국노총 위원장을 역임한 바 있다. 2021년 6월 7일 국민권익위원회가 최근 7년간 부동산 거래 내역을 전수조사한 결과 부동산 명의신탁 의혹이 제기되었다. 추후 2021년 9월 8일 무혐의 처분을 받았다. GTX D 강남직결이 무산되는 발표가 난 후 김주영 의원을 비롯한 김포의 국회의원들은 국토교통부 앞에서 삭발식을 거행하고 투쟁을 이어나갔다.

독설 이제 당신은 국회의원이지 노동 운동하는 사람이 아니다.

<u>김주영 의원의 정당은?</u>

❀ 66 김진애

출생 1953년 2월 16일

논란 2020년 8월 4일 본회의에서 "집값 올라도 문제없다. 세금만 잘 내면 된다"는 발언을 하였다. 집 한 채 가지는 것이 평생의 꿈인 국민들 입장에서는 가슴에 대못을 박는 발언이었다. 더군다나 경실련의 21대 국회의원의 부동산 재산 분석 결과를 발표하였는데, 김진애 의원은 강남 4구에 4채, 수도권 1채 등 4채의 주택을 소유한 것으로 밝혀져 내로남불 비판을 받았다. 여기에 고개 숙여 사과하는 것이 아닌 페이스북을 통해 "나는 다세대 주택에 산다"며 "20년 전 어쩌다 다주택자가 됐다"고 주장했다. 그러자 국민들은 "자기는 선의의 다주택자이고, 남들은 다 투기꾼이냐"는 비판을 했다.

라임 사태의 주범 중 하나인 김봉현이 술 접대했다는 검사 세 명을 실명을 내고 지목했으나 거짓으로 판명되었다. 국회의원의 면책특권을 활용해 본인의 생각을 막무가내로 던진다는 지적을 받았다.

독설 우리가 같아? 나는 국회의원이고 당신들은 그냥 국민이잖아?

김진애 의원의 정당은?

❀ 67 김진표

출생 1947년 5월 4일

논란 총선 전 2016년 2월 13일 이천 설봉산에서 조병돈 전 이천시장과 수원시 영통구 태장동 주민 등으로 이뤄진 산악회원 37명을 만난 자리에서 사전 선거운동을 한 혐의로 벌금 90만 원 형을 선고받았다. 2005년부터 2006년까지 교육인적자원부(현 교육부) 장관을 역임하며 국립대학 등록금을 사립대학 수준으로 인상할 필요가 있다는 발언을 해 큰 비판을 받았다. 이 발언을 한 뒤 7년 후 이명박 정부 당시에는 반값 등록금을 주장하는 이중잣대 논란이 일었다.

2019년 5월 15일 수술실 CCTV를 의무화하는 「의료법」 개정안이 단 하루 만에 폐기되는 촌극이 벌어졌다. 그 중심에는 김진표 의원이 있다.

2021년 5월 10일 부동산 특위 위원장에 임명되었는데, 얼마 지나지 않아 가족의 주택임대 사업과 관련해 부동산 이해충돌 논란에 휩싸였다.

독설 정책의 중심에 섰지만, 국민의 신뢰는 당신에게 멀어지고 있다.

김진표 의원의 정당은?

❈ **68 김철민**

출생 1957년 2월 15일

논란 음주운전 전과가 한 번도 아닌 두 번을 하여 지금까지도 그 관련되어 고개를 숙이고 있다. 2017년 4월 10일 안산시의원들과 같이 세월호를 배경으로 사진을 촬영하여 논란이 생겼다. 실수라 치부하기에는 야당 출신이 그 관련되어 사진촬영을 할 때 한심하다며 관계기관에 고발까지 한 상황이라 내로남불 비판을 받았다.

북한이 탄거리 탄도미사일 8발을 발사하며 무력도발 시위를 높인 날 골프를 친 것으로 알려져 파문이 일어났다.

독설 고개를 숙이는 척만 하지 말고 행동으로 책임지길~.

<u>김철민 의원의 정당은?</u>

❈ **69 김태년**

출생 1964년 3월 7일

논란 2018년 1월 22일 '국민생명 지키기 3대 프로젝트' 당정협의 도중 김영주 고용노동부 장관에게 "순천 잡월드 문제 삼지 말아주세요! 김태년 사업"이라는 쪽지를 보내 청탁 논란에 휩싸였다. 라임과 옵터미스 펀드 관련 의혹에 대해 본인이 직접 취재를 통해 당은 관련이 없다고 확인했다고 말했다. 문제는 김태년이 그 문제의 핵심이라는 의혹이 제기된 상황이라 검찰에 대한 압박으로 작용하고 있다는 논란이 일었다.

21대 국회 원 구성 협상과 관련해 당 지도부의 단독 개원 강행 및 18개 상임위원장을 모두 가져가 민주주의와 의회정치를 무시하고 있다는 지적을 받았고, 실제로 21대 국회는 협치가 아닌 매번 여야 충돌이 일어나 민생을 챙기지 못했다는 지적을 받았다.

독설 김태년 당신! 국회의원 자질 부족! 문제 삼지 말아주세요 - 국민 일동

김태년 의원의 정당은?

❀ 70 김태호

출생 1962년 8월 21일

논란 2023년 10월 25일 경제정의실천시민연합은 제21대 국회의원 상임위 출석률을 조사한 결과 김태호 의원이 26.5%로 결석률 1위에 올랐다고 밝혔다. 경실련은 출석률과 입법 실적에 이어 상임위 출석률 하위 10위에도 올랐고, 출석률은 하위 10위에도 올랐고, 결석률은 가장 높았다며 매우 심각한 수준의 불성실 의정활동을 해온 것으로 보인다고 지적했다.

독설 학교였다면 당신은 유급 대상이다.

김태호 의원의 정당은?

❀ 71 김태흠

출생 1963년 1월 11일

논란 2013년 11월에 국회에서 김태흠은 "국회의 청소 노동자들을 정규직으로 전환시키면 툭하면 파업하려 들 것"이라는 말을 해 큰 논란을 빚었다. 충남도지사 시절 김태흠은 일본 전범기업을 투자 유치해 논란을 일으켰다. 문제는 전범기업을 알고 전혀 문제 삼지 않고 진행

했다는 점이다.

2016년 11월 민중총궐기에 참여한 일부 당 의원들에 대해 어떻게 생각하냐는 기자의 질문에 "촛불집회는 시민단체나 일반인들이나 하는 짓"이라는 근거 없는 막말을 가했다가 거센 비판을 받았다. 실제로 박근혜 탄핵정국에도 박근혜를 비호하였다.

독설 전범기업을 투자 유치하는 건 외교가 아니라 아픈 역사의 외면 아닐까

김태흠 의원의 정당은?

❀ 72 김한정

출생 1963년 9월 6일

논란 1985년 11월 5일 「폭력행위 등 처벌에 관한 법률」 위반(불법감금, 업무방해, 재물손괴), 건물방화예비음모로 구속되었다. 1심에서 징역 2년을 선고받았으나 항소에서 징역 2년, 집행유예 3년을 선고받아 1986년 8월 9일 징역 2년, 집행유예 3년 판결이 확정되고, 1987년 7월 10일 노태우 대통령이 특별사면했다. 21대 국회의원 선거를 앞둔 2019년 10월 선거구인 경기도 남양주시 지역 온라인 커뮤니티 운영진 4명과의 식사 자리에서 발렌타인 30년산 70만 원 상당의 양주를 선물해 「공직선거법」 위반으로 1심에는 150만 원을 선고받았지만, 추후 식사비는 각자 지출해서 경제적 이익이 없는 것으로 보고 1심 판결이 파기되어 벌금 90만 원을 선고받았다.

2019년 10월 3일 조국 법무부 장관의 퇴진을 요구하며 광화문에서 연 집회에서 '청와대 함락', '문재인 체포' 등 발언을 한 사실이 알려져 논란이 일자 김한정은 집회 다음 날 국회 행정안전위원회의 경찰청

국정감사에서 "집회 내란선동죄 책임자들을 처벌해 달라"며 고발장을 제출해 큰 논란이 일었다.

독설 미래의 김한정이 과거의 김한정을 고발했다.

김한정 의원의 정당은?

❀ 73 김형동

출생 1975년 3월 25일

논란 2020년 11월 5일 오후 7시 40분경 안동시 용상동 소재 모 식당에서 김형동 국회의원이 동석한 가운데 지지자 수십 명이 안동시민을 집단폭행해 황 모 씨와 이 모 씨에 각각 전치 12주와 2주의 상해를 입히는 사건이 일어났다.

  2024년 12월 7일 윤석열 계엄령에 따른 탄핵소추 표결에 불참했다. 그리고 12월 9일 김형동 의원 인턴 비서관이 윤석열 대통령 탄핵 촉구 현수막을 제작한 업체에 "칼 들고 갈 테니까 지금 떼라", "인간이 인간 같아야 취급을 해주지." 등의 충격적 폭언을 한 사실이 보도되었다.

독설 조직의 힘이 혹시 조폭 조직력을 말하는 건가?

김형동 의원의 정당은?

❀ 74 김홍걸

출생 1963년 11월 12일

논란 이복 형인 김홍업 김대중 평화센터 이사장과 유산 문제로 충돌했다. 그리고 30억이 넘는 동교동 김대중 전 대통령 사저와 관련하여 자신 앞으로 돌려놨으며, 이희호 여사가 생전에 보유하고 있던 노벨평화상 상금 8억 원도 인출한 것으로 알려졌다. 이희호 여사의 2주기에 형제간 화해를 했다고 한다. 아버지 김대중이 현직 대통령으로 재직 중이던 2002년 5월 최규선 게이트(불법뇌물 자금수수)를 수사하던 검찰은 대통령의 3남 김홍걸이 체육사업자 선정 로비 등의 명목으로 36억 7천만 원 상당의 금품과 주식을 받은 사실을 밝혔고, 결국 특정범죄 가중처벌상 알선수재 혐의로 구속 기소하였다.

일평생 특정한 직업이나 일정한 소득을 가지지 않았지만, 공직자 재산신고에 따르면 3주택, 1주택 분양권, 건물 1채를 보유한 것으로 밝혀졌다.

독설 당신의 직업과 스펙은 김대중 대통령의 아들인가?

<u>김홍걸 의원의 정당은?</u>

❀ 75 김회재

출생 1962년 11월 24일

논란 21대 총선 과정에서 여순사건을 여순반란사건이라고 말한 과거가 드러나 사퇴 요구를 받았다. 제8회 전국동시지방선거에서 여수을 지역구에 출마해 당선된 시 도의원 당선인과의 워크숍에서 사전 예고 없이 공개적으로 "*** 선임비서관 당신 해고야."라고 발언해 지역사회에서 큰 논란이 일었다.

검찰이 수사를 왜곡해서 부녀를 모친 살해범으로 몰아 형을 살게 하여 재심이 청구된 순천 청산가리 막걸리 사건 당시 순천지청의 차장검사로 사건을 브리핑했었다.

예결위에서 한동훈 당시 법무부 장관에게 전당대회 돈 봉투 의혹사건을 이야기하며 "증거가 있습니까?" 하며 본인 사건에 대해서 물어보는 어처구니없는 상황을 연출해 많은 국민들의 눈총을 받았다.

독설 현재도 이 정도인데 국회의원보다 더 높은 권력에 올라선다면 국민을 어떻게 대할 것인가?

김회재 의원의 정당은?

❀ 76 김희곤

출생 1964년 12월 17일

논란 2004년 12월 13일 음주운전으로 벌금 100만 원 처분을 받았다. 부산에서 가장 입지 좋고 환경 좋은 수영구 삼익비치 아파트와 동래구 럭키아파트를 2019년 11월 6일 부동산 조정지역 해제지역 발표와 동시에 매입하여 자녀 명의로 소유한 사실이 KBS를 통해 알려져 부동산 매입 전 특혜가 있었다는 논란이 일었다. 또한 자녀는 해운대구 모처에 실거주지로 등록되어 거주한다고 되어있으나 실거주하지 않는다는 경비원의 진술이 있었다. 이 집 주인이 김희곤 의원 캠프에서 회계담당을 맡았던 직원이며,

더 놀라운 건 이 계약은 현금으로 지급되었다고 주장 중인 것이다.

독설 선거캠프 직원이 집주인이라니, 캠프가 아니라 카르텔인가?

김희곤 의원의 정당은?

❈ 77 김희국

출생 1958년 10월 20일

논란 2020년 7월 23일 경제 분야 대정부질의에서 홍남기 부총리 겸 기획재정부장관에게 부동산과 관련된 질의를 하면서 "빙충맞다", "국민들 피를 빨아먹는다"는 식의 표현을 하여 눈살을 찌푸리게 만들었다.

초선 국회의원이었던 2015년 5월 당시 섬유패션도시 대구의 부흥을 꾀한다며 추진한 국책사업에 섬유패션 관련 기관과 업체와 같은 특정 법인이 국비를 딸 수 있도록 도와주고, 그 대가로 후원금을 받은 혐의로 검찰 수사를 받았다. 검찰은 김희국 의원을 「정치자금법」 위반 및 뇌물수수 등의 혐의로, 후원금 모금을 주도한 공단 이사장과 연구기관 간부 등 4명을 「정치자금법」 위반으로, 김 의원의 비서관 1명은 뇌물수수 혐의로 각각 불구속 기소했다.

또한 검찰은 한국패션문화산업진흥원의 전신인 K패션을 통해 수억 원대의 국비가 부정 사용된 정황을 포착하고, K패션 전 이사장 등을 뇌물공여 혐의로 수사하고 있다.

이 사건의 여파인지 22대 총선 불출마를 선언했다.

독설 증거가 많이 잡혔구나! 총선 불출마를 선언한 것을 보니까~

김희국 의원의 정당은?

❀ 78 남인순

출생 1958년 11월 5일

논란 2013년 9월 12일, 성 매수자는 처벌하되 성 판매자는 처벌하지 않는다는 법률을 발의하는 데 참여하였다. 그리고 같은 날 7년 뒤 2020년 5월 1일 미성년자에 한해서 성 매수자는 처벌하되 성 판매자는 처벌하지 않는다는 법률이 국회 본회의를 통과하였다.

세계경제포럼에서 매년 발표하는 성 격차. 성별 간의 차이를 나타내는 지표인 WEF 성 격차지수를 인용하며 대한민국이 성 평등 세계 115위라는 잘못된 인용을 들고 나와 주장해 논란이 되었다. 참고로 대한민국은 2018년 유엔개발계획이 세계 189개국을 대상으로 조사한 성 불평등 지수에서 전 세계 10번째로 평등한 나라인 것으로 드러나 큰 비판을 받고 있다.

2020년 5월 14일 '역사의 진실을 밝히는 길에 함께하겠습니다.'라는 성명서를 통해 정의연의 의혹을 확실하게 해명하지 않는 윤미향 당선인을 향한 의혹 제기를 친일, 반인권, 반평화 세력의 부당한 공세로 규정해 큰 비판을 받았다. 안희정 성폭력 사건 때는 피해자라고 명시하다 박원순 서울시장 성폭행 사건 피해자를 피해 호소인이라는 호칭으로 불러 큰 논란을 일으켰다.

독설 여성운동가의 탈로 권력과 부를 축적한 여성운동 호소인

남인순 의원의 정당은?

❀ 79 노웅래

출생 1957년 8월 3일

논란 2021년 2월 22일 노웅래는 국회 환경노동위원회에서 최정우 포스코 회장이 일본 도쿄의 신사를 참배했다고 주장했다. 노웅래는 최정우 회장의 뒷모습이 담긴 사진까지 공개하면서 "신사참배 갔죠? 이래도 되냐"며 몰아세웠다. 하지만 확인 결과 최정우 회장은 신사가 아닌 도쿄타워 인근 사찰을 방문한 것으로 나타났다. 더군다나 노웅래가 공개한 사진은 '신사'로 조작돼 있었다.

사업가 박우식으로부터 노웅래는 6,000만 원을 전달한 혐의를 포착했다. 2022년 11월 16일 서울중앙지검 반부패수사 2부는 뇌물수수 혐의로 자택과 의원실을 압수수색하였다. 그리고 자택에서 3억 원가량의 현금다발이 발견되었다. 노웅래는 사업가 박우식은 모르는 사람이고, 현금 3억 원은 부의금과 출판기념회를 통해 받은 돈을 보관한 것이라 해명하며 결백을 주장했다. 사업가 박 씨는 뇌물을 줬으나 일부 돌려받았다고 증언했다.

그리고 2022년 12월 15일 국회에 체포동의안이 발의되었다. 적용된 혐의는 뇌물수수, 알선뇌물수수, 정치자금위반 세 가지다. 그리고 체포동의안은 부결되었고, 검찰도 불구속 기소로 방향을 잡았다.

독설 체포동의안은 부결, 국민 실망감은 가결

노웅래 의원의 정당은? _____

❀ 80 도종환

출생 1955년 9월 27일

논란 북한의 미사일 도발과 관련해 북한이 문재인 정부 들어 미사일을 38번이나 쐈다. MB 정부 때는 12번, 박근혜 정부 때는 5번을 쐈다는 지적에 도종환은 "우리가 북한보다 미사일을 더 많이 쏜다"며 북한 편을 드는 발언을 하였다.

2023년 6월 16일 티베트에서 열린 중국 정부의 대규모 선전행사에 참석했다. 실제 이 행사의 목적은 중국 정부가 티베트 독립운동을 덮고 '사회주의 시대 새 티베트'로 포장하기 위한 관제행사였다. 방중단은 티베트 인권탄압에 대한 국제사회의 우려와 중국공산당의 체재 선전도구가 될 수 있다는 지적이 있었지만 티베트행을 강행하였다.

또한 티베트 인권탄압은 70년 전 일이라는 식의 발언도 큰 문제가 되었다.

독설 북한 편, 중국 편, 정작 당신은 국민 편은 아니다.

도종환 의원의 정당은?

❀ 81 류호정

출생 1992년 8월 9일

논란 게이머의 실력을 직관적으로 나타내는 지표는 티어다. 게임사는 이런 지표로 실력이 엇비슷한 이용자를 한 게임에서 맞붙게 만든다. 실제 게임사는 대리게임을 강력하게 제재한다. 류호정은 평소 여성이 게임을 조금만 못하면 대리게임을 하는 식의 행위를 근절하고 싶다고 어필했지만 실제로는 본인이 대리게임을 하였다.

이와 같은 전력이 있는 사람이 페이스북에 「채용비리 처벌법」 간담회를 열어 어이가 없다는 반응이 대부분이었다. 류호정은 비례대표 경선 과정에서 본인을 20대 여성 해고노동자라고 소개하였다. 하지만 알고 보니 해고가 아닌 권고사직으로 회사를 그만둔 것이었다.

독설 대리게임을 금지하자더니, 본인은 게임에서나 현실에서나 대리 플레이를 즐기는 중인가?

<u>류호정 의원의 정당은?</u>

❀ 82 맹성규

출생 1962년 5월 16일

논란 국토위 법안소위에서는 실거주 의무제도로 인한 서민의 고충에 대해 논의하던 중 맹성규 의원이 "왜 돈이 없냐? 왜 분양을 받습니까? 돈이 없는데."라는 망언을 하였다. 논란이 일자 맹성규 의원은 말꼬리 잡기라며 "당장 입주하지 못하는 처지임에도 분양권을 받는 바람에 경쟁자들이 얻지 못하는 상황의 형평성 문제를 지적하는 과정에서 나온 말"이라고 변명했다.

독설 내 집 장만은 금수저의 특권인가?

<u>맹성규 의원의 정당은?</u>

❀ 83 문정복

출생 1967년 1월 10일

논란 2020년 7월 23일 자신의 페이스북에서 태구민 의원이 정세균 국무총리에 대한 대정부질문에서 '부적절한 발언'을 하고 '대정부질문이 변절자의 발악으로 보였다'고 주장했다. 그러면서 "문재인 대통령을 조선 선조에 비교하고 공직자들을 비하한 사람이 할 소리가 아니다."라고 말하였지만 그건 다른 의원이 말한 내용이라 논란이 되었고, 결국 글을 삭제하여 글 삭제하고 튀었다는 비아냥을 들었다.

류호정 의원이 문정복 위원에게 당신이라는 말을 한 것에 격분하여 '야!'라고 불러 논란이 되었다. 서로 사과를 하며 일단락되었지만 어리다고 그런 표현을 하는 것에 대해 많은 이들이 비판을 받았다.

윤희숙 의원이 임혜숙 과학기술정보통신부 장관의 임명을 강행한 청와대에 대해 여성할당제의 취지를 모욕했다며 비판하자 문정복은 "너도 여자로 의원 되었냐"는 식으로 이야기를 해 큰 비판을 받았다.

독설 한 번은 말실수지만, 그것이 반복된다면 그건 그 사람의 인격.

<u>**문정복 의원의 정당은?**</u>

❀ 84 문진석

출생 1962년 2월 12일

논란 농업을 할 의사가 없으면서 허위로 농지를 취득한 혐의(「농지법」 위반)로 불구속 기소한 사실이 알려졌다. 문진석은 "아내가 주말농장으로 이용하려고 산 땅"이라며 해명했다.

2022년 11월 7일 행정안전위원회 회의에서 선유윤호 기자의 카메라에 문진석이 메시지를 수신한 내용이 찍혔는데 그 내용이 "모든 수단 방법을 동원해서라도 전체 희생자 명단, 사진, 프로필 등을 확보해서 당 차원의 발표와 함께 추모 공간을 마련해야 한다"는 취지의 내용이었다.

이태원 참사를 정치적으로 이용하려 한다는 강한 비판이 나오자 발신인의 주장에 대해 반대의사를 표명했다고 해명했지만 이후 열린 예결위에서 정부가 위패와 영정사진을 올리지 않고 지침을 내렸느냐, 이것이 한국의 장례문화가 맞느냐는 질의를 하며 본인의 말과는 반대되는 행동을 보여 논란이 일었다.

2023년 한미 정상회담 중 윤석열 대통령이 미국 양원합동회의에서 영어로 연설한 것을 두고 "한국 대통령이 우리말을 쓰지 않고 영어로 연설한 것 자체가 잘못된 것"이라며 "부끄러움을 모르는 사대주의자"라고 대통령을 비하하였다.

독설 국가적 재난과 참사를 정치적으로 계산기 두드리는 자. 과연 국민을 위한 정치인가? 아니면 자신들의 기득권 지키기 위한 정치인가?

문진석 의원의 정당은?

❀ 85 민병덕

출생 1970년 12월 20일

논란 21대 총선 당시 안양시 선관위로부터 「공직선거법」 위반 혐의로 고발을 당했다. 혐의는 2가지였는데 선거법상 당내 경선 시 가능하지 않은 경선 설명회를 자그마치 33회나 연 것도 모자라 경선 여론조사 당시 권리당원 여부를 허위로 대답하게 한 것이다. 이 사건에 배우자는 징역 6개월에 집행유예 1년, 회계책임자는 벌금 300만 원으로, 「공직선거법」에 명시된 금전 문제에 관한 것이 아니라 의원직을 잃지는 않았다. 다만 본인 스스로 경선 설명회에서 경선 규칙을 설명하기도 한 데다 선관위가 고발까지 했는데 기소되지 않는 것은 봐주기라는 논란이 일어났다.

실제로 같은 혐의로 이채익과 김병욱은 기소돼 재판에 넘겨졌고, 결국 유죄가 확정되었기 때문에 더 많은 비판이 일어났다.

티베트 인권 문제와 관련해 "저희는 문화 엑스포를 간 것이고, 거기에 관련 내용 어디에도 그런 내용은 없었다"며 "그런데 70년 전에 있었던 그 내용을 우리가 부각하면서 이것을 계속해서 외교가에서 얘기하는 것이 과연 국익에 도움이 되는가?"라고 말해 큰 비판을 받았다.

독설 그런 논리라면 일제침략 36년도 오래전 일이라 아무런 문제가 없는 거네?

민병덕 의원의 정당은?

❀ 86 민형배

출생 1961년 6월 15일

논란 2023년 3월 1일 이재명의 사법리스크에서 벗어나야 한다는 칼럼을 공유한 트위터 유저들을 향해 "개xx들 많네~."라고 답글을 달아 구설수에 올랐다.

2023년 11월 9일 송영길 대표가 공식석상에서 당시 한동훈 법무장관을 '어린놈', '건방진 놈'이라 모욕하여 논란이 되자, 13일에 한 장관을 향한 막말을 'xx'로 표기한 글을 페이스북에 쓰며 지원사격(?)을 해 비판을 받았다.

2023년 12월 20일 상대 정당을 페이스북에서 '불임정당'이라고 표현하여 큰 비판을 받고 반쪽 정당으로 다시 올렸다.

2024년 10월 16일 재보궐 선거운동 기간이던 13일 지인들과 골프모임을 3번 가진 것으로 논란이 일었다. 민형배는 애초 '초대받은 행사'라고 설명했지만, 지인들에게 직접 라운딩을 제안한 것으로 전해져 많은 비판을 받았다.

독설 막말 능력으로 국회에 들어왔나?

<u>민형배 의원의 정당은?</u>

❀ 87 민홍철

출생 1961년 4월 18일

논란 2020년 9월 22일 밤에 서해 소연평도 인근 해역에서 어업지도 활동을 하던 해양수산부어업관리단 소속 전라남도 목포시 공무원인 남성 이대준 씨가 연평도 인근 해역에서 실종되어, 실종 지점에서 북서쪽으로 38km 떨어진 북방한계선 이북의 북한 황해남도 강령군 등산곶 해안에서 조선인민군의 총격에 숨진 사건이 일어났다.

2020년 당시 문재인 정부는 자진월북으로 판단된다고 발표했지만 2022년 6월 윤석열 정부에서 해경과 국방부는 월북 시도를 입증할 만한 증거 없다며 2년여 만에 결과를 번복하였다. 그리고 2023년 12월 7일 감사원은 문재인 정부가 조직적으로 해당 사건을 은폐 및 조작한 혐의가 사실이라고 발표했다. 이 당시 민홍철은 국회 국방위원장이었다. 그리고 이 사건에 대해 그는 증거는 그대로인데 판단만 바뀐 것 같다며 정치적 성격이 담겨있다고 지적했다.

독설 진실은 어디 가고 죽음조차 정쟁의 도구로 쓰이는구나!

민홍철 의원의 정당은?

✽ 88 류성걸

출생 1957년 7월 12일

논란 2023년 6월 30일 후쿠시마 ALPS 처리수 방류 논란에 대해 국민의 불안감을 달래주기 위한 취지로 노량진 수산시장을 방문해 수조에 담긴 물을 시음했다.

　핵 오염수는 방류도 되지 않았는데 쇼를 벌인다는 논란에 휩싸였다.

독설 국민을 설득하려 들지 않고 쇼로 설득하는 자. 진정성 있다고 할 수 있을까?

류성걸 의원의 정당은?

✽ 89 박광온

출생 1957년 4월 25일

논란 2018년 4월 5일 박광온 의원 등 29인이 「가짜정보 유통 방지에 관한 법률안」을 발의했다. 박광온은 "SNS와 포털 등에서 제한 없이 유통되는 허위 조작정보의 심각성이 매우 크다"고 주장하며, "구글의 커뮤니티 가이드라인에 위배되는 콘텐츠들이 있어 삭제를 요청한다"고 밝히며 구글코리아 사무실을 방문하여 협조공문을 전달했다.

　결론적으로 이 법안은 20대 국회의 임기 만료로 폐기되었다. 사실상 말로는 가짜뉴스를 방지한다고 하지만 실제 박광온 당에서도 가짜뉴스를 남발하고 있어 실제 법안이 채택되기에는 무리수라는 쓴 이야기를 들어야 했다.

2020년 2월 26일 외신을 인용해 "한국의 코로나 급증이 역설적으로 자유 언론, 투명 정보, 민주적 시스템 덕"이라는 발언을 했는데 실제 이 기사는 한국의 대처를 호평하는 목적의 기사가 아니라 가짜뉴스라는 말을 들어 가짜뉴스 방지안을 발의한 사람으로서 이중잣대 논란이 일었다.

임차인의 거주 기간을 현재 4년(2+2년)에서 6년(3년+3년)으로 확대하는 「주택임대차보호법」 개정안을 발의해 논란이 일어났다. 실제로 정부 여당이 추진했던 임대차 3법적 2+2년이 도입되면서 전세 물량이 크게 줄어들고 전셋값이 계속 오르는 상황에서도 3+3년이라는 악법을 추진하려고 하냐는 볼멘소리를 들어야 했다.

독설 자신과 자신의 진영에게 불리한 뉴스는 가짜뉴스, 상대 진영 공격할 수 있는 팩트 없는 뉴스는 진실성 상관없이 진짜 뉴스. 그런 당신들을 바라보는 국민들은 울화통이 터질 뿐이다.

박광온 의원의 정당은?

❀ 90 박대수

출생 1960년 8월 30일

논란 석사 논문 표절률이 무려 50%라고 보도했다. 이에 대해 "여러 논문을 참고해서 논문을 작성했는데 출처 표기를 제대로 못 했다"고 말을 하며 일과 학업을 병행하다 보니 실수가 있었다며 해명했다.

후쿠시마 오염수 방류에 대해 과거에는 반대 입장을 표했다. 여당이 된 입장에서는 반대 입장으로 심경(?)의 변화가 일어났다.

독설 지금은 맞고, 그때는 틀리다. 그리고 국민들은 당신들의 이중성에 질린다.

박대수 의원의 정당은?

91 박대출

출생 1961년 3월 18일

논란 20대 총선을 앞둔 시기에 페이스북에 일베저장소 출처의 극우성 글을 링크한 것 때문에 큰 논란이 일었다. 더군다나 박근혜 대통령 탄핵 뒤 탄핵을 막는 것이 논개정신이라는 정신 나간 발언으로 많은 이들의 뭇매를 맞았다. 자신의 조카를 5급 비서관으로 채용하고 문제가 되자 이후 조카는 면직 처리되었다.

2020년 8월 14일부터 코로나 19 재확산이 시작되는 상황 속 광화문 집회 관련해 코로나와 아무 상관이 없다고 주장했다. 그 당시 코로나 폭증으로 거리 두기가 한참인 상황인 상황이라 많은 이들의 분노를 자아내게 만들었다.

민노총 건설노조 1박 2일 총파업 결의대회를 개최한 것에 대해 '난장판 집회'라며 "이제는 물대포로 진압을 해야 된다"고 말했다. 백남기 농민이 물대포에 따른 과잉진압으로 죽은 사건이 있고 나서의 발언이라 사람들이 많은 비판을 받았다.

독설 눈앞의 권력에 취해 역사의 심판을 잊는다.

박대출 의원의 정당은?

❀ 92 박덕흠

출생 1953년 10월 18일

논란 19대 국회의원 선거에서 박덕흠의 형이 회삿돈으로 동생 박덕흠의 선거운동원들에게 급여를 준 혐의가 인정되어 구속되었다. 20대 국회 후반기 원 구성에서 국토교통위원회 간사가 되었는데, 지역 건설사 회장 출신이 건설사를 백지신탁하고 국토위 간사하고 산자위 위원을 맡은 것에 대해서 이해충돌 논란이 있었다.

MBC『스트레이트』2020년 7월 26일 자 방영분에서 본인이 강남 재건축 특혜 3법으로 인해 73억의 시세차익을 봤다는 점이 드러났다. 이에 본인이 국토위 상임위원의 지위를 이용해 개인 이득을 취한 것 아니냐는 논란이 생겼고, 이에 박덕흠은 MBC『스트레이트』에 법적 책임을 묻겠다는 입장을 밝히고 국토위를 사임하였다.

2020년 10월 5일 MBC의 보도로 2006년 10월 대한전문건설협회장 취임 직전 박덕흠과 협회 간부 3명의 골프 모임에 동행한 여성 2명 중 1명이 서울시지회에 정규직으로 채용된 사실이 확인되었다.

2023년 이상민 행정안전부 장관 탄핵소추 표결을 앞두고 본회의장에서 필리핀 클락의 날씨와 호텔, 골프장 정보를 휴대전화로 검색하고 있는 장면이 포착되어 논란이 되었다.

독설 국회의원 연봉으로 어떻게 사나? 이 정도 챙기는 건 국회의원으로서 할 수 있는 거잖아?

<u>박덕흠 의원의 정당은?</u>

❀ 93 박범계

출생 1963년 4월 27일

논란 고교시절 '갈매기 조사단'이라는 음성 서클에 가입했다. 집단 패싸움을 벌였고, 이 일로 자퇴를 선택했다.

1999년 전북 완주군에서 3인조 강조단이 새벽에 동네슈퍼에 침입해서 일가족을 포박하고 금품을 훔쳐간 사건이 있었다. 당시 77세 할머니는 질식사했다. 당시 범인들이 붙잡혀서 대법원에서 최종적으로 3~6년형을 선고받고 복역했다. 하지만 이들은 경찰의 강압수사 때문에 허위자백을 했다고 계속 주장했으나 받아들여지지 않았다가 사건 발생 17년만인 2016년 자신이 저질렀다고 주장하는 사람이 나타났고, 최초에 범인으로 몰렸던 3명은 재심을 청구해서 2016년 11월 4일 최종 무죄판결을 받았다. 박범계 의원은 당시 1심 배석판사였다.

2018년 9월 30일 대전시의회 김소연 의원이 "지방선거 때 불법 자금을 강요받았다"고 폭로하며 파장이 일었다. 당시 박범계가 대전시당 위원장으로 있었으며, 김소연을 정계에 입문시킨 장본인이었기 때문이다. 나중에 알고 보니 박범계의 전 비서관과 핵심 측근이 불법선거자금을 요구한 것으로 알려졌고, 구속되었다.

그런데 어이없게도 공소시효를 하루 앞둔 상황에서 검찰은 박범계 의원이 지시, 공모하였다고 인정할 수 있는 증거가 발견되지 않았다는 이유로 혐의없음으로 불기소처분했다.

패스트트랙 사건과 관련해 폭행죄로 기소된 형사피고인 신분인데 이 상태로 법무부 장관으로 지명되어 논란이 일었다. 폭행 혐의 자체도 문제이지만 재판을 받고 있는 상태에서 검찰을 움직일 수 있는 직위에 내정된 지라 이해충돌 가능성이 컸다. 2016년 11월 23일 사법시험 존치를 읍소하는 고시원들의 멱살을 잡고 폭행과 폭언을 가한 일도 화제가 되었다.

검찰개혁 속도 조절론과 관련해 "저는 법무부 장관이기에 앞서 기본적으로 여당 국회의원"이라며 "당론이 모이면 따르겠다"고 말해 정치적 중립을 지켜야 하는 본인의 신분을 망각했다는 비판을 받았다. 문재인 정부 법무부의 김학의 불법 출국금지 의혹과 관련해 "세부 상황이 언론에 공개되었다"고 주장하면서 피의사실 공표를 경고하여 이중잣대 논란을 불러일으켰다. 정권에 유리한 보도에는 가만히 있다 본인들에게 불리한 것이 나오면 피의사실 공표했다며 으름장을 놓는 식이었다.

수사 외압을 행사한 혐의로 기소된 이성윤 서울중앙지검장을 피고인 신분임에도 좌천이나 징계를 받기는커녕 오히려 고검장으로 승진되면서 논란을 일으켰다. 헌정사상 전례가 없는 일이었다.

검찰의 정치적 중립성과 직무상 독립성 확보와는 거리가 멀고, 나아가 법치에 대한 국민적 신뢰가 심히 저하될 수 있다는 논란에 휩싸였다. 그 밖에도 정치적 중립 위반 사건은 쉴 수 없이 많게 저질렀다.

독설 박범계 앞 정치적 중립은 없다.

박범계 의원의 정당은?

94 박병석

출생 1952년 1월 25일

논란 경실련이 박병석이 현재 거주지인 서울 서초구와 고향인 대전에 2주택을 보유하며 2년간 23억여 원의 시세차익을 봤다고 발표하자, 박병석은 "대전 집은 처분한 상태이며 현재는 1주택자."라고 해명해 충청도 사람들로부터 '충청을 버리고 강남을 선택했다'는 비판을 받게 되었다. 그런데 그 처분했다는 대전 집은 알고 보니 아들에게 증여한 것이고, 월세살이한다는 것은 아들에게 월세를 주고 있던 것으로 밝혀져 논란이 일어났다.

2021년 1월 11일 제5기 방송통신심의원회 상임위원으로 이장석 전 목표 MBC 사장을 추천한 사실이 보도되었다. 이에 한국기자협회, 한국PD연합회, 방송기자연합회, 전국언론노동조합에서 일제히 반발하며 박병석을 규탄하는 성명을 발표하였다. 이로 인해 비판이 일자 이장석 전 목표 MBC 사장은 방심위 상임위원 후보에서 자진 사퇴했다. 나중에 알고 보니 이장석은 박병석 국회의장의 대전고 후배였다.

그런데 그 후 박병석이 재추천한 인사 역시 도마 위에 올랐다. 2021년 3월 23일 김윤영 전 원주 MBC 사장을 추천했는데, 과거 방송출연을 대가로 주식을 받아 유죄 판결을 받은 것이 드러났다. 그런데 김윤영은 대전고 동문이었다.

또 한 달 뒤인 2021년 4월, 이번에는 연합뉴스의 최대주주인 뉴스통신진흥회의 이사 후보로 전종구 전 대전 시티즌 사장을 추천한 것이 논란이 되었다. 알고 보니 이번에는 박병석의 대전고, 성균관대, 중앙일보 후배라는 사실이 드러났다.

독설 박병석 지인 스펙이면 신의 직장 프리패스 사실인가요?

박병석 의원의 정당은?

❀ 95 박상혁

출생 1973년 3월 20일

논란 2022년 6월 14일 검찰이 문재인 정권 시절 산자부, 과기부, 통일부 인사권 직권남용 의혹 관련 건으로 수사하고 있다는 보도가 나왔다. 이후 김우호 전 인사비서관, 박상혁 전 행정관과 부처 실무자들은 불기소 처분을 받았다. 지시를 받고 실행했을 뿐이라는 게 불기소 이유였다.

2021년 북한 공항 철도 개발 지원 논란이 있었다. 2021년 4월 26일 박상혁 국회의원은 한국철도공사, 국가철도공단, 한국공항공사, 인천국제공항 공사 등 국내 공기업 사업 범위에 '남북한 철도, 항공 산업의 교류협력사업'을 추가하는 내용의 「한국철도공사법」, 「국가철도공단법」, 「한국공항공사법」, 「인천국제공항공사법」 개정안을 대표 발의하여 큰 논란을 일으켰다.

독설 부와 명예는 대한민국에서 일은 북한을 위해 일하네?

박상혁 의원의 정당은?

❀ 96 박수영

출생 1964년 1월 7일

논란 2022년 1월 6일 채널뉴스 TOP 10에 출연해 "애초에 청년 모임을 오후에 하는 것 자체가 잘못됐다. 이건 정치권에 있는 사람들이나 참석할 수 있는 청년이지. 진정한 청년은 아니다"면서 "원래 우리 당에서 청년 모임은 저녁 7시 이후에 한다"고 말해 논란이 일었다.

20대 대선 당시 의원총회에서 "이재명 후보가 사이코패스, 양아치인데, 우리 당에도 사이코패스, 양아치가 있다"는 말을 하며 윤석열과 이준석 갈등을 더욱 고조시키는 데 역할을 하였다.

독설 진짜 청년 목소리를 윤석열 대통령한테 전달해 계엄령 선포한 것인가?

박수영 의원의 정당은?

❀ 97 박성민

출생 1959년 4월 19일

논란 수형으로 인해 군대 면제인데 삼청교육대를 다녀왔다는 이야기가 있다. 22대 총선 공천에서 컷오프된 김성태가 '삼청교육대 출신 조폭'이라고 강하게 비판하여 큰 화제가 된 사건이 있었다. 본인 지역구인 울산의 한 행사에서 박성민은 윤석열 대통령과의 친분을 과히는 듯한 발언을 해 '윤심팔이' 논란이 일었다. 보도에 따르면 울산에서 열린 한 봉사단체 모임에서 "대통령이 네덜란드에서 저녁 11시부터 새벽 2시까지. 그 후로도 밤새도록 전화를 걸었는데 전화를 받지 못했다." 등의 발언을 했다.

그리고 박성민은 2024년 12월 7일 윤석열 탄핵소추 표결에 불참하였다.

독설 탄핵 표결 불참! 책임을 외면한 침묵은 가장 큰 배신이다.

박성민 의원의 정당은?

❀ 98 박성준

출생 1969년 4월 23일

논란 당 원내대변인 논평에서 특혜 의혹이 일고 있는 당시 추미애 법무부 장관의 아들이 안중근의 정신을 이어받았다는 발언을 해 논란이 되었다. 이에 안중근 의사 후손들은 박성준의 원내대변인 사퇴를 요구하는 사건이 일어났다.

CBS 라디오에서 김승원 의원의 'GSGG' 논란과 관련해 "미국에서도 제너럴 굿(general good) 용어를 많이 쓴다"고 옹호했다. 그럼 박 의원에게 GSGG를 써도 되냐는 질문에는 "정치인은 기본적으로 욕설을 많이 먹고 사는 직업이다. 많이 욕설해 주시면 제가 잘 수용하겠다"며 'GSGG'가 욕설이라는 점을 인정하는 태도를 보였다. 참고적으로 저서로 『정치언어의 품격』 책을 집필했다.

독설 박성준 의원 GSGG!

박성준 의원의 정당은?

99 박성중

출생 1958년 8월 1일

논란 2017년 3월 28일 교통신호 위반으로 경찰에 단속되자 국회 표시가 있는 신분증을 들이밀고, 정식 신분증을 달라고 요청받자 경찰관의 이름을 물으며 경찰의 함정단속 문제는 국회에서 다루겠다며 항의했다. 2018년 4월 22일에 방영된 KBS『일요토론』중 최민희 전 의원이 '드루킹 관련 경찰의 수사정보를 언론이 흘리고 있는 점'을 지적하자 "TV조선은 저희와 같이했기 때문에 경찰보다 많은 자료를 제공하였다"고 말했다. 즉 당과 TV조선이 커넥션이 있는 것을 고백하는 꼴이 되어 큰 논란이 일어났다.

비대면 간담회에서 윤석열에 대한 댓글에 좋아요를 눌러달라며 선동을 해 「선거법」 위반이라는 말이 나와 네티즌이 선관위에 신고를 했다.

윤석열 행보에 대해 불만을 가진 2030 청년들이 의견을 개진하자 박성중 의원은 친이준석 세력이 침입했다는 주장을 했다.

이태원 압사 사고 책임은 공영방송에도 있다는 취지로 이야기를 해 큰 비판을 받았다.

독설 정언유착해도 당당한 당신. 국회의원 자격 있다!

박성중 의원의 정당은?

※ **100 박영순**

출생 1964년 12월 7일

논란 1989년 민정당 중앙정치연수원을 점거, 현존 건조물 방화물 미수, 「집시법」 위반 등 혐의로 징역 2년형을 선고받았다. 그리고 2001년에는 사업을 하다 「근로기준법」 위반으로 벌금 150만 원이 확정되었다.

2020년 4.15총선을 앞두고 대전 철도 선로 위에서 허가 없이 기자회견을 해 구설수에 올랐다.

태영호 의원이 북한인권재단 이사 추천 미비를 비판하는 내용을 듣고 태영호에게 "북한에서 쓰레기가 왔어."라고 소리를 질렀다.

전당대회 돈 봉투 의혹 사건 연류된 19명의 명단 중 한 명으로 보도되었다. 물론 전혀 그런 사실이 없다고 부인했지만, 현재 수사 대상에 올라있는 상황이다.

독설 막말로 품격을 내 던진 정치의 민낯

박영순 의원의 정당은? _____

※ **101 박용진**

출생 1971년 4월 17일

논란 2009년 5월 25일 음주운전으로 100만 원 벌금을 받았다. 2018년 12월 4일 시민단체와 탐사보도 전문매체 뉴스타파는 오전 11시 영수증 이중 제출로 국민 세금을 빼 쓴 국회의원 26명의 명단을 공개했는데, 그 명단에 박용진 100만 원도 포함되었다. 2022년 우크라이나 러시아 전쟁 개전 이후 2월 25일 광주방송 대담에서 젤렌스키 우크라이나 대통령이 반짝 인기를 얻어 인기를 얻어 대통령이 되었다가 정치를 다 망쳤다는 투로 말했다가 많은 비판을 받았다.

  2023년 10월 25일 경제정의실천시민연합은 상임위원회 출석률 하위 10명을 불성실 의정활동 의원으로 발표했는데 그중 한 명이 박용진이었다.

  2022년 4월 22일 오전 강북구청장 후보로 서울시의원이자 박용진 국회의원의 보좌관 출신인 최선 예비후보자를 전략 공천한다고 발표했다. 이에 김기옥, 이백균, 이순희, 이승훈, 안광석 예비후보는 경쟁력 후보자 적합도를 강북구민에게 묻지 않고, 독단적으로 밀실공천하는 것은 강북구민을 무시하는 처사라며 최선을 전략 공천한 이유를 밝혀야 한다고 주장했다. 결국 밀실공천 되었다는 의심을 받은 최선 대신 반박용진 세력 이순희 후보가 경선에서 승리했다.

  2017년 7월 22일 추경 예산안 표결을 위한 국회 본회의가 열렸으나 의결정족수 부족으로 본회의 통과가 지연되는 사태가 벌어졌다. 그중 한 명이 박용진이었다.

독설 밀실공천, 민주주의를 밀실에 가두다.

박용진 의원의 정당은?

❀ 102 박완수

출생 1955년 8월 10일

논란 2009년 8월 창원시장 임기 당시 기업인들로부터 골프와 폭탄주를 겸한 식사를 접대받아 논란이 일었다. 이운우 경남지방경찰청장, 이인구 국정원 경남시부장, 김태교 육군 39사단장 등 경남지역 기관장 3명을 직위 해제하고 중징계 조치하였지만, 그 모임을 주도한 박완수 당시 시장은 선출직이라는 이유로 '공개경고'라는 경징계만 받아 법의 형평성 논란이 일었다.

전 창원시장 비서실장 홍두성 씨가 뇌물수수 혐의로 검찰에 체포되어 수사를 받았다. 창원시청 도로관리과장으로 재직하던 2009년 초부터 2012년 1월까지 6급 직원 김 모 씨로부터 수차례에 걸쳐 "잘 봐달라"는 청탁과 함께 수천만 원을 받은 혐의를 받았다.

2015년 인천국제공항사 사장 재임 시절 자신의 조카사위를 직장예비군 참모(계약직)로 채용한 것이 감사원에 의해 밝혀졌다.

명태균 녹취에서 박완수 도지사가 대통령 일정을 알려줬다고 언급되며 명태균 게이트에 연루되었다는 의혹을 받고 있다.

독설 선출직 무죄 무선출직 유죄 이게 대한민국 법 상식이다.

<u>박완수 의원의 정당은?</u>

❀ 103 박완주

출생 1966년 11월 10일

논란 같은 당 서영교 의원의 딸 인턴 특혜 논란이 일어나자. 아래와 같이 서 의원에게 문자를 보내어 논란이 됐다. "선배, 너무 힘들어하지 마세요. 그냥 무시 무대응 하세요. 저도 전 보좌관 비리구속으로 선고 때 치도곤 당했지만 압도적으로 승리했어요."

2021년 12월 서울 영등포구의 한 노래주점에서 의원실 소속 보좌관인 A 씨의 신체를 접촉 추행한 뒤 저항하자 성관계 요구 발언을 수차례 한 혐의를 받았다. 이에 더해 20022년 4월 A 씨가 젠더폭력신고상담센터에 신고하자 비서관을 통해 국회사무처의 A 씨에 대한 면직 절차를 밟도록 지시하고, 같은 해 5월 지역구 관계자에게 A씨가 합의를 시도했다고 알린 혐의도 있다.

그리고 2024년 12월 18일 징역 1년과 도망의 우려가 있다며 법정구속했다.

독설 완주 씨, 힘들어하지 마세요. 요즘 교도소 밥 잘 나와요.

박완주 의원의 정당은?

❀ 104 박정

출생 1962년 11월 19일

논란 2018년 공석이었던 경기도 파주시체육회 사무국장에 박정 국회의원의 비서관이 임명돼 낙하산 논란이 있었다. 논란이 된 이유는 사무국장 임명이 논란이 된 이유는 이사회의 동의 절차도 밟지 않고 절차를 무시하면서 임명되었기 때문이다.

새해 수호의 날 추모제는 불참하고 파주 적국묘지에서 열린 북한군, 중국군 천도재에 주기적으로 참여한 것으로 알려져 논란이 되었다. 보수단체에서 「국가보안법」 위반으로 신고했고 무혐의가 나왔다.

2020년 코로나 사태로 마스크 대란이 일어났을 때 중국을 돕자는 취지로 우한대 총동문회장인 박정 의원이 주도하여 300만 장의 마스크를 보냈다. 게다가 정부예산으로 전세기까지 빌려서 보냈다. 이 당시 한국에도 마스크가 부족해 국민이 어려운 시기였기에 큰 논란이 있었다.

2023년 7월 23일 전국적인 폭우 피해가 속출하는 상황에서 베트남, 라오스로 해외출장을 떠나 논란이 되었다. 특히나 윤석열 대통령이 우크라이나 방문 중 국내에서 수해가 일어나자 "수해 중에도 귀국하지 않아 컨트롤타워 부재"라고 비판을 해 내로남불 소리를 들었다.

독설 마스크 대란 속 중국 지원. 국민을 뒤로한 선심 정치

<u>박정 의원의 정당은?</u>

❀ 105 박재호

출생 1959년 2월 13일

논란 20대 총선을 앞두고 선거운동 유사기관을 설치해 사전선거운동을 한 혐의로 재판에 넘겨진 박재호에게 벌금 80만 원을 확정했다. 당선무효형인 벌금 100만 원 이하 형이 확정되며 의원직을 유지했다.

본인의 페이스북 계정에 일본 AV 음란물이 10분 정도 게재되었다가 삭제되었다. '페이스북은 본인이 아니라 보좌진이 관리하고 있다'고 해명했다.

2021년 1월 29일 부산광역시당 당사에서 열린 최고위원회에 참석하였는데, 여기서 "부산에 계시는 분들은 조중동, TV조선, 채널A를 너무 많이 봐서 어떻게 나라 걱정만 하고 계시는지 한심하다."라고 발언을 하여 논란을 일으켰다.

독설 선거운동 불법, 의원직 유지의 비겁한 예시다.

<u>박재호 의원의 정당은?</u>

❈ 106 박주민

출생 1973년 11월 21일

논란 2016년 8월 3일 경북 성주에 가서 군민들을 위한 '응원공연'을 하면서 사드 괴담성 가사를 포함시켜 논란이 일었다. 그 내용은 다음과 같다. "어느 날 우연히 전자파에 튀겨진 네 모습을 바라보면서", "강력한 전자파 밑에서 내 몸이 튀겨질 것 같아 싫어." 그리고 2023년 사드에서 나오는 전자파가 통신사 기지국보다도 영향이 낮다는 게 밝혀졌다.

2019년 조국 사태가 일어나자 앞장서서 조국을 변호했다. 문제는 사실을 왜곡한 거짓주장을 했다는 점이다. 박주민은 조국청문회에서 조국 딸의 제1저자 논문 취소는 IRB 승인 때문이지 조국 딸과 관계없다고 주장했는데 논문을 취소한 병리학회는 사실이 아니라고 반박했다.

조국에 대한 무조건적 변호를 하고 있는 박주민에게 조국 사태를 풍자해 '분노의 표창장'을 보냈는데 분노에 기여한 분들 항목에 "문재인 대통령과 조국의 호위무사들"이라며 박주민도 이름이 들어가 있다.

2020년 본인이 대표 발의한 「임대차 3법」 통과 한 달 전에 본인 소유 아파트 월세를 대폭 올렸다. 더더욱 국민들이 분노한 것은 국회에서 「임대차 3법」 통과되면 본인 스스로 "아마 「주택임대차보호법」 적용을 예상하고 미리 월세라든지 이런 것들을 높이려고 하는 시도가 있을 것이다."라고 말했다는 점이다. 그리고 해명으로 내놓은 시세보다 싸게 줬다는 해명도 국토교통부 실거래가 공개시스템에 따르면 사실이 아니었다.

박주민은 지지자늘 사이에서 거지갑이라는 별명이 붙었었다. 그리고 이런 일련의 논란 속 거지재벌이라는 비아냥을 들었다.

독설 정책 실패에 따른 구상권 청구하면 당신은 거지다.

박주민 의원의 정당은?

❀ 107 박진

출생 1956년 9월 16일

논란 2004년 국정감사 날 2급 군사기밀을 언론에 누설하여 거센 비판을 받았다. 이런 것이 한 번이어도 욕을 먹을 판인데 며칠 뒤인 10월 11일 똑같은 논란을 일으켰다. 국민의 알 권리를 주장했지만 개인의 명성을 높이기 위한 행위라는 것에 국민들에게 큰 비판을 받았다.

2006년 2월 동료 의원의 기자 성추행 사건이 일어났는데 박진은 기자 회견장에서 "당내 술 문화 때문에 이런 일이 생겼다"고 말하며 망치와 폭탄주 잔을 꺼내 들고 잔을 때려 깨뜨렸다. 박진이 잔을 깨트리고 산산히 부서진 유리조각은 당직자들과 보좌관들이 대신 치웠다.

외대 석좌교수 7년 재직하며 정규 강의 연구도 없이 3억 원을 수령하였다. 박진의 '절친'으로 알려진 캐슬린 스티븐스 전 대사가 한미경제연구소 소장으로 취임한 직후 연구소 내 없던 직책이 만들어졌고, 그 자리에 박진의 딸이 채용되어 친분에 의한 특혜가 아니었냐는 의혹이 일었다.

독설 술 먹고 깽판을 쳤다. 내가 먹은 술을 감옥에 가둬라!

박진 의원의 정당은?

108 박찬대

출생 1967년 5월 10일

논란 2022년 8월 8일 오후 11시 30분경 침수 피해가 한창이고 실제로 사상자도 발생한 상황에서 "씬나 맬맬 잼있다"는 내용의 트윗을 올려 논란이 일었다. 침수와는 관계가 없다고는 하지만 부적절하다는 발언이었다는 비판이 제기되었다.

2022년 11월 4일 "박원순 전 서울시장이 살아있었고, 이재명 대표가 대통령이 됐다면 이태원 참사가 발생하지 않았을 것"이라고 주장하는 네티즌의 페이스북을 공유하면서 "박원순 시장의 디지털실, 청와대 벙커의 재난안전시스템, 좋은 시스템이 이어지지 못하네요. 사람이 바뀌니."라고 적어 큰 논란이 일었다.

박찬대의 주장과 다르게 서울시는 디지털 시장실은 현재도 없애버리지 않고 운영 중이라고 밝혔다. 박찬대의 주장은 오보를 근거로 한 주장이었다.

세금 폭탄 논란이 되고 있는 종합부동산세에 대해 세금 폭탄이 아닌 노블레스 오블리주라며 "세계가 부러워할 K세금"이라고 주장하는 글을 공유했다. 종부세 폭탄이 결국 전 월세 가격을 자극해 최종적으로 서민들을 피 말리게 하는 상황이기에 더 큰 망언으로 욕을 먹었다.

문재인 정부 부동산 정책 실패에 따른 후폭풍이 일자 2020년 1월 21대 총선에 앞두고 1가구 1주택 서약서를 받았는데 2년이 지난 2022년 1월 다주택 상태를 유지한 의원 6명 중 한 명이 박찬대였다.

한동훈이 고위공직자에 대한 가상자산 보유 여부 공개를 한동훈 법무부 장관이 반대했다고 주장했다. 하지만 법무부는 이미 소속 공무원들이 가상자산을 보유하고 있지 않다고 확인한 바 있다.

독설 팩트는 외면하고, 감정만 앞세운 발언은 정치가 아닌 소음일 뿐이다.

박찬대 의원의 정당은?

❀ 109 박형수

출생 1965년 10월 20일

논란 2022년 8월 8일 서울 집중 호우 당시 윤석열 대통령의 호우 피해 대처에 아쉬운 점은 없느냐는 질문에 호우를 정쟁으로 삼는다며 비판하였다. 그러면서 박형수는 "역으로 서해 공무원 피살 사건 때 전임 대통령께서 무엇을 하셨는지 아무런 대처가 없지 않나?"라며 문재인 대통령의 대처 문제를 거론하며 정쟁을 이어갔다.

독설 과거를 끌어들여 현재를 가리는 건 무책임한 지도자의 전형적 모습이다.

박형수 의원의 정당은?

❀ 110 박홍근

출생 1969년 11월 17일

논란 박원순 성추행 사건의 피해자를 '피해 호소인'이라 지칭해 2차 가해 논란을 일으켰다. 그리고 2020년 8월, 박원순 전 시장에 49재 마지막 날 "잘못이건 실수건 고인의 독보적 업적도 평가받아야"라고 SNS에 글을 남겼다.

 2022년 4월 당이 이른바 「검찰정상화법」을 통과하려고 하면서 OECD에서는 이에 대해 반부패 역량 약화를 이유로 협약 위반이 될 수 있다며 우려를 보냈는데 이런 반응에 "OECD에 파견된 검사가

OECD를 뒤흔들고 로비를 했다"는 주장을 했으나 사실무근이었다.

2020년 「타다 금지법」을 통과시키며 모빌리티 혁신을 좌절시켰다는 평가를 받게 되자 「타다 금지법」을 주도적으로 입법한 박홍근은 이에 반발하여 "「타다 금지법」은 타다 서비스 전체를 금지한 것이 아니다"며 "합법적 테두리에서 다양한 서비스가 이뤄질 수 있는 기반을 만든 것"이라고 이야기했다. 이를 두고 많은 사람들은 자신이 주도한 「타다 금지법」으로 타다 서비스가 아예 사라졌는데 다양한 서비스를 말하는 것은 궤변이라고 비판이 나왔다.

독설 당신 탓에 사라진 혁신 앞에서 다양한 가능성을 운운하는 건 궤변이자 기만이다.

박홍근 의원의 정당은?

✽ 111 배준영

출생 1970년 10월 21일

논란 인천 강화군 마니산에서 발생한 산불과 관련해 배준영은 주민들에게 홍보성 문자를 보내 물의를 빚고 있다. 지역 안팎에선 '재난을 이용한 정치 홍보'라는 지적이 일었다. 김건희 여사와 관련된 행사를 계속해서 비판하는 부분에 대해 배준영은 모든 이야기가 기승 전 김건희로 이야기되고, 김건희 여사의 스토킹이라는 입장이라 두둔해 국민들의 불편한 심경과 다른 입장이라 많은 비판을 받았다.

그리고 역시나 2024년 12월 7일 윤석열 탄핵소추 표결에 불참했다.

독설 기승 전 김건희로 국민의 불편한 마음을 덮으려는 시도는, 공감을 포기한 정치인일 뿐이다.

배준영 의원의 정당은?

❀ 112 배진교

출생 1968년 8월 26일

논란 7회 지방선거 홍보물에 2014년 6회 지방선거 당시 문재인 전 새정치민주연합 의원과 같이 찍힌 사진을 편집하여 사용하여 논란이 일었다.

2020년 8월 18일 배진교는 "안익태와 박정희, 백선엽은 모두 명백한 친일 행위가 확인된 반민족행위자들"이라며 이들에 대한 서훈 취소와 파묘를 주장해 큰 논란이 일었다.

그런데 정작 북한의 3대 세습과 독재에 대해서는 명확한 답변을 피하고 있다.

독설 친일은 파묘고, 친북은 뭐야?

배진교 의원의 정당은?

❀ 113 배현진

출생 1983년 11월 6일

논란 2012년 MBC 노조 총파업에 동참하여 『뉴스테스크』에서 하차했지만, 100여 일이 지난 후에 "적어도 뉴스 앵커로서 시청자 이외의 그 어떤 대상에도 일방적으로 끌려가지 않겠습니다."라고 노조와 척을 지고 탈퇴하였다.

  박원순 서울시장이 자살한 이후 장례식을 치르러 온 박원순 시장의 아들에게 "부친의 뜻을 이어가기 위해서라도 의혹을 해결하라"며 입장표명을 했는데 상을 치르는 유가족에 대해 정치적 행보를 한 배현진의 무례함에 비난이 일어났다.

  문재인 정권을 귀태정권이라고 평하며 논란을 일으켰다. 예전 홍익표 의원이 박근혜 정권에 대해 귀태 발언으로 원내대변인 자리를 사퇴했었다. 아이러니하게도 배현진이 7년 전 MBC 아나운서로 있을 당시 홍익표의 귀태 발언에 대해 『뉴스데스크』에서 이를 비판적으로 보도했는데 그 말을 본인이 하여 내로남불 논란이 일어났다.

  치매돌봄시설인 '송파 실버케어센터' 건립이 본인 지역구인 송파구에서 무산된 것에 대해 '기쁘다'고 표현해 님비 논란에 휩싸였다. 님비란 시설의 필요성은 인식하면서도 시설이 들어섰을 때 끼치는 여러 가지 위해적인 요소로 인하여 본인의 지역에 들어서는 것을 꺼리는 것을 말한다.

  2022년 9월 22일 윤석열 대통령 순방 중 공개행사장에서 조 바이든 미국 대통령과 회담 이후 이동 중에 말한 "이 새끼들", "쪽팔려서" 등의 비속어가 섞인 막말이 논란이 된 사건이 발생되었다. 이런 논란에 배현진은 윤 대통령의 발언이 전혀 문제가 없다는 듯이 두둔해 많은 비판을 받았다.

  윤석열 계엄령 사퇴 후 탄핵 투표 때 불참하였고, 두 번째는 탄핵 심판 참석한다며 "이재명에 나라 넘겨줄 선택 없을 것"이라고 말을 하였다.

독설 남의 내로남불 비판하다 자신이 내로남불이 되는 순간 국민 신뢰는 사라진다.

<u>배현진 의원의 정당은?</u>

❀ 114 백종헌

출생 1962년 12월 23일

논란 부산 MBC '21대 국회의원은 정말 잘했을까?' 빅벙커 21대 국회의원 성적표 방송에서 21대 총선 16개 공약 중 완료된 게 하나도 없다는 진단을 받았다. 백종헌은 21대 총선 공약들은 큰 그림의 공약들이 많아 지속 가능한 업무가 필요한 영역이 대부분이며, 그중에 발달장애 지원센터의 설치는 성공했다고 반박했다.

지역 주민들의 숙원이란 점을 내세워 개발이 어려운 상수원보호구역을 쉽게 해제하는 법을 추진했다. 그런데 문제는 백 의원 아들이 보유한 400평 규모의 땅이 상수원 보호구역으로 묶여있어서 이 법이 만들어진다면 아들도 직접 혜택을 받을 수 있다는 점이다.

2020년 후보 등록 당시에는 부산 오피스텔 1채를 신고했지만, 당선 후에는 27채로 신고했다. 2024년 기준으로 백종헌 의원의 재산은 355억 9,061만 원이다.

독설 오피스텔 한 채가 27채가 되는 기적은 왜 국민한테는 안 생기고 국회의원인 당신에게만 생기는 건가?

<u>백종헌 의원의 정당은?</u>

115 백혜련

출생 1967년 2월 17일

논란 고위공직자범죄수사처장 후보 추천위원에 N번방 조주빈 공범 변호 경력으로 6시간여 만에 자진 사임한 장성근 전 경기중앙변호사회장을 백혜련이 추천해 내 편이면 경력이든 학력이든 따지지 않고 무조건 오케이냐는 볼멘소리를 들어야 되었다.

2020년 9월 10일 「아동 청소년의 성 보호에 관한 법률」 추가 개정안을 발의하였는데, 개정안대로 하면 아청물 제작 미수뿐만 아니라 시청 소지 미수에 대해서도 처벌하겠다는 것이라 영화 「마이너리티 리포트」적인 발상으로 발의한 거냐는 비아냥을 들었다.

중범죄를 저질러 금고형 이상을 받은 의사들의 자격을 박탈하는 내용의 「의료법」 개정안이 국회 법사위를 통과하지 못했는데. 이 의원회의 간사인 백혜련이 법사위 통과를 가로막았다는 의혹이 일었다. 조국 사태에 대해 조국을 옹호하며 검찰개혁을 강하게 주장했지만, 재보궐선거 참패 이후 뒤늦게 조국 사태에 대한 반성이 필요하다고 말했다.

2023년 11월 30일 중국의 북한 이탈 주민 강제 북송 중단 결의안 표결에서 기권했다. 허나 표결 직후 본인 페이스북에 투표기 작동에 오류가 있어 기권으로 표결 결과가 표시된 것이라 말했다.

독설 검사 시절에도 내 편 네 편 나눠서 기소했는가?

백혜련 의원의 정당은?

✽ 116 변재일

출생 1948년 9월 2일

논란 「불법 정보 접근 차단 기술 의무화법」을 발의하였다. 2023년 12월 국회 본회의에서 여야 모두의 압도적 찬성으로 가결 찬성되었다.

문제는 이 법안이 모호한 점이다. 실제 어디까지가 불법 정보로 규정하기가 애매하고, 내용을 사전 검열한다는 논란이 일었다. 규제를 하다 보면 불법이 다시 생겨나고, 그에 따라 계속해서 검열을 강화하게 된다면 결국 공산국가의 검열 같이 된다는 비판이 거세다.

독설 불법 정보를 차단한다면서 국민의 입을 막으려는 것 아닐까?

변재일 의원의 정당은?

✽ 117 성일종

출생 1963년 3월 19일

논란 2021년 9월 태안고속도로 관련으로 태안군수와 공적을 두고 공방을 가지던 중 "가세로 죽여버릴 거야. 이 **가 한 것도 없는데 뭘 얘기하고 있어."라고 막말을 하였다.

방탄소년단의 병역특례를 못 받는 것에 대해 특례를 줘야 한다며 여러 방송에서 언급하며 일반 군으로 입대하는 국민들에게 상대적 박탈감을 주고, 유명 연예인에 대한 언급을 통해 자신의 정치입지를 높이려는 것에 대해 국민에게 욕을 먹었다.

2022년 6월 9일 서울시장 지방선거 당선자대회 워크숍에서 성일종이 "임대주택에서 정신질환자가 나온다"고 발언했다.

2023년 3월 8일 윤석열 정부가 추진하는 주 69시간제와 관련해

2030년 청년층의 경우에도 다들 좋아한다고 말을 해 큰 빈축을 샀다.

2023년 8월 8일 방탄소년단이 잼버리대회 마지막 일정으로 8월 11일 서울에서 열리는 K팝 콘서트에 참여할 수 있도록 국방부에 요청했다.

독설 방탄소년단이 당신이 부르면 가야 하는 몸종인지 아는가?

성일종 의원의 정당은?

❀ 118 소병철

출생 1958년 2월 16일

논란 자신의 민원 사항을 순천시의회에 공문으로 보내 독려를 지시하는 등 지방의회의 자율권을 침해하고 있다는 지적을 받고 있다. 더구나 순천시가 관광객 유치를 위해 야심 차게 추진하고 있는 '푸드트럭 야시장'을 현 시장 임기에 하지 말고, 다음 시장 임기에 진행해 달라는 내용이 포함되어 있어 지나친 행정 간섭이라는 논란이 일었다.

당시 공무원은 "순천 시의원은 24명인데 소 의원까지 25명이라는 비아냥 소리도 들린다"고 말했다. 또한 소 의원은 국책사업을 시의회에서 하도록 요구해 '황당'하다는 기사를 쓴 언론사를 상대로 법적 조치한다고 통보하면서 이런 내용을 지역 모든 기자에게 이메일로 보냈다. 본인 명예는 중요시하며 정작 기자들의 실명과 언론사 매체명까지 구체적으로 거론해 언론 재갈 물리기를 한다는 우려도 받았다.

독설 친절한 금자 씨가 말합니다. "너 일이나 잘하세요."

소병철 의원의 정당은?

119 소병훈

출생 1954년 6월 3일

논란 소병훈 의원실의 7급 비서가 2019년 2월 1일 오전 국회로 차를 몰고 돌진해 분신을 시도한 60대 남성의 사진을 자신의 인스타그램에 올린 뒤 "통구이 됐어ㅋㅋ. 통구이 됐음"이라고 올려 사람들의 눈을 의심케 하였다.

2020년 7월 29일 국토 교통위에서 다주택자는 도둑들이라며 법을 개정해서 형사범으로 다뤄야 한다고 주장했다. 그런데 정작 소병훈은 주택만 1채일 뿐 여러 종류의 부동산과 재산을 보유한 것으로 드러났다. 2021년 4월 22일 부동산이 자리 잡혀가고 있다며 더 이상 쓸데없는 이야기는 닥치라는 망언을 트위터 및 페이스북에 올리며 큰 논란을 일으켰다.

문재인 대통령의 2021년 방미 및 조 바이든 대통령과의 회담 내용을 뜬금없이 '중국'에 설명해야 한다는 글을 올렸다. 많은 국민으로부터 "한국이 속국인가? 왜 시진핑한테 보고하는 거냐. 중국 스파이냐"는 조롱 섞인 비판을 받고 결국 글을 내렸다.

독설 언어능력 부족인가? 아니면 인성 부족인가? 둘 다 어쨌든 문제다.

소병훈 의원의 정당은?

120 송갑석

출생 1966년 11월 21일

논란 2018년 8월 12일 납북자의 명칭을 실종자로 개정하는 법안을 발의해 납북자 가족단체와 시민들로부터 쓴소리를 들었다. 결국 많은 비판 속에 법안 발의를 철회하였다.

송갑석은 전대협 의장 출신으로 1990년 「국가보안법」 위반 등 혐의로 검거되어 수사를 받는 과정에서 "김일성을 존경한다고 말하고, 북한을 정의와 자주권이 보장돼있는 한반도의 유일한 정통 정부로 인정하면서, 북한에 의한 통일만이 진정한 조국 통일이라고 주장했다"고 보도되어 큰 논란이 일었다. 기사와 관련해 본인은 안기부의 조작이라고 부인했다.

2003년 5월 음주운전으로 벌금 300만 원을 선고받았고, 2003년 7월에는 사업실패로 인한 투자금 미변제 사기 혐의로 벌금 500만 원을 선고받았다.

독설 여기는 대한민국입니다. 북한에서 정치하세요.

송갑석 의원의 정당은?

121 송기헌

출생 1963년 11월 17일

논란 조국 사태에 대해 별문제가 아니며 야당과 언론의 의혹 제기는 정치공세일 뿐이라고 조국을 두둔했다. 더군다나 조국 자녀에 대해서 "강남좌파들 사이에서는 쉽게 볼 수 있었던 일이다. '금수저'로 태어나 '금수저끼리' 어울린 게 문제라면 문제다. 거기에 반칙이 있을 거라고 보진 않는다."라고 말해 국민 정서와는 동떨어졌다는 비판을 받았다.

독설 강남좌파는 입시비리 저질러도 반칙이 아닌가?

송기헌 의원의 정당은?

❋ 122 송석준

출생 1964년 3월 10일

논란 2016년 6월 30일 송석준 의원이 조카를 수행비서로 채용한 것으로 알려져 논란이 일었다.

해병대 수사 외압 논란과 관련하여 "채 상병 사건의 본질은 일탈한 정치군인이 조사 권한을 과도하게 행사해서 해병대 지휘 체계를 붕괴시키려는 그것에 대해, 지휘 권한을 갖고 있는 국방부 지휘권자의 바로잡는 행위를 가지고, 마치 뭐가 있는 것처럼 수사 외압이라는 주장을 하는 것이다"며 박정훈 대령을 일탈한 정치군인이라 비난하였다.

2024년 12월 3일 터진 윤석열 정부 비상계엄 사태와 관련되어 12월 16일 한동훈 당 대표의 사태에 이어 중앙위원회 의장직을 사임했다. 그런데 문제는 "윤석열 대통령의 비상계엄 선포를 사전에 막지 못했습니다. 또한 이를 빌미로 하는 탄핵을 막지 못했습니다."라는 글을 남겼다.

윤석열 탄핵 찬성이 국민 대다수의 의견인 것에 반하는 행보를 보이고 실제로 12월 17일 국회 법사위에서 윤석열 대통령은 내란수괴가 아니라며 법사위 진행을 방해하는 추태를 보여 국민의 많은 질타를 받았다.

독설 당신 같은 사람이 전 국민이 아닌 한쪽만 바라보는 대통령을 만들었다.

송석준 의원의 정당은?

❀ 123 송언석

출생 1963년 5월 16일

논란 경북 김천을 지역구로 두고 있는 송언석 의원이 '제2의 대전역'을 만들겠다고 목소리를 내왔던 김천역 바로 앞에 4층 상가건물을 아버지, 형제들과 함께 소유하고 있는 것으로 2019년 1월 28일 드러났다. 김천역이 활성화되면 이 건물의 가치도 상승할 수 있다는 점에서 이해충돌 논란에 휩싸였다.

2021년 재보궐선거 도중 개표 상황실에서 본인의 자리가 없다는 이유로 흥분한 채로 사무처 국장에게 폭언 및 폭행을 가했다.

경기도 김포시의 서울시 편입으로 여론몰이를 한 후 다음에는 개미투자자의 표심을 의식해 한시적인 공매도 금지카드를 추진한다는 식의 카톡 메시지가 포착되어 논란이 일었다.

2023년 10월 31일 여의도 국회에서 열린 2024년도 예산안 토론회에서 "R&D가 국가 경쟁력이나 성장을 선도하기 위한 기술 등에 정말 기여를 한 것인지 의문이 생긴다"며 "질적인 수준에서는 우리나라에서 노벨상이 나온 것도 아니고 그렇다고 유니콘 기업을 엄청 많이 만든 것도 아니다."라고 발언하여 논란이 되었다.

문제는 R&D 예산으로 국내에 2010년 이후 출현한 기업만 20개가 넘고, 상당수는 개발자를 다수 고용한 IT회사들이라는 현실이었다. 우리나라 실정을 전혀 파악하지 못한 말이었고, 심지어 송 의원의 국회 이전 경력이 기획재정부에서 국가예산을 담당하였기에 더 큰 비판을 받았다.

독설 당신에게 들어간 국가예산이 낭비다.

송언석 의원의 정당은?

❀ 124 송영길

출생 1963년 3월 21일

논란 2000년 5월 17일, 5.18민주화운동 기념일 전야제 행사 후 386 정치인들이 광주 시내 새천년 NHK라는 단란주점에서 술을 마시며 추태를 부린 것이 논란이 되었다. 송영길은 당시 초선 의원 신분이었고 "술자리가 5.18과 우리 정치 현실 등에 대한 이야기를 나눈 건전한 자리였고, 자정께 숙소로 돌아가 오전 3시까지 토론을 계속했다"고 밝혔다. 그러나 당시 기자들의 취재에 따르면 "일행은 국산 양주 4~5병을 마셨고, 술과 안주값 100여만 원은 술집 주인이 부담했다"면서 "당시 방에는 마담 한 명과 심부름하는 여자 2명이 있었다"고 밝혔다.

송영길이 인천시장 재임 시절 연평도 포격이 일어난다. 송영길은 현장 방문 때 술이 들어있는 채 그을린 소주병을 보고 "이거 진짜 폭탄주네!"라는 귀를 의심할 만한 망언을 하여 빈축을 샀다. 또한 연평도 포격 사태는 호국훈련이 북한을 자극했다는 망언을 하였다.

2017년 7월 23일 타계한 일본군 피해자 고 김군자 할머니 장례식장에서 양손의 엄지손가락을 치켜올리고 웃는 표정으로 포즈를 취해 국민들의 질타를 받았다.

2021년 송영길이 당 대표로 당선된 전당대회에서 송영길 캠프 주도로 국회의원 등 당 고위직 인사들에게 돈 봉투를 살포한 혐의로 2023년 12월 18일 구속되었다.

독설 입만 열면 말실수, 행동하면 망신살, 정치인의 품격은 개나 줘버려!

송영길 의원의 정당은?

125 송옥주

출생 1965년 12월 20일

논란 기부금 부정 사용 의혹으로 논란을 빚고 있는 정의기억연대(정의연)의 이사장을 지낸 윤미향을 구하기(?) 위해 윤미향 당선자를 향한 공격이 계속되고 있고, 그건 친일 반인권 반평화 세력이 역사의 진실을 바로 세우려는 운동을 폄하하려는 부당한 공세에 불과하다며 쉴드를 쳐 큰 비난을 받았다. 더군다나 윤미향은 여전히 기부금의 구체적인 사용 공개를 거부하고 있는 와중에 무조건 쉴드를 펴는 의원들에게 국민을 바보로 아냐는 질타가 이어졌다.

2022년 6월 23일 송옥주 의원실에 근무하는 직원이 다른 정당 소속 국회의원실 보좌진을 성추행 혐의로 경찰에 고소당한 사건이 일어났다. 문제는 해당 직원이 성추행 사건 직후 피해자에게 가해 사실을 인정하는 사과문을 썼지만 송 의원은 해당 직원에 대한 인사 조치를 요구하는 피해자 목소리를 2주째 묵살했다. 송옥주 의원은 21대 국회 여성가족위원장이었고, 성폭력 대응 3대 원칙으로 '피해자 보호주의', '불관용', '근본적 해결'을 수립하고 피해자 법률상담 지원과 허위사실 유포 등 2차 가해에 적극 대응하기로 결의했지만, 결론적으로 자기 진영 사람들이 가해자가 되자 어떤 것도 이뤄지지 않았다.

 2023년 연말부터 2024년 초까지 수차례에 걸쳐 각각 다른 봉사단체와 함께 지역구 소재 경로당을 찾아 전자제품 등을 불법으로 기부한 혐의로 수사를 받고 있다.

독설 법 앞에 내 편은 무죄고, 오해일 뿐이다.

송옥주 의원의 정당은?

✿ 126 송재호

출생 1960년 12월 20일

논란 2023년 5월 22일 정치후원금으로 조카가 소유한 집의 월세를 지급한 사실이 드러나 논란이 일었다. 참고로 국회의원이 1년에 쓸 수 있는 돈이 세비 1억 5,000만 원 외에 국가지원금과 후원금을 합치면 4억 5,000만 원에 달한다. 2023년 11월 '위성정당 방지' 당론 채택을 촉구하던 송재호 의원은 당의 방침에 따라 입장을 선회하며 제명 후 위성정당에 입당하였다.

독설 국가지원금과 후원금도 내 돈 아니었어요?

송재호 의원의 정당은?

❀ 127 서동용

출생 1964년 9월 2일

논란 21대 선거를 앞두고 광양, 구례, 곡성에서 출마 예정인 당시 변호사 출신 서동용은 2019년 12월 11일 오후 광양 커뮤니티센터 1층 다목적 홀에서 출판기념회를 하며 자신을 알렸다. 그리고 뒤이어 2023년 12월 21일 지역 주민 1,500여 명이 참석한 가운데 자신의 저서 『지방, 청년, 미래』 북 콘서트를 열어 세를 과시했다.

독설 출판기념회는 책보다 얼굴을 팔려는 시장인가?

서동용 의원의 정당은?

❀ 128 서범수

출생 1963년 9월 17일

논란 2024년 12월 16일 당 사무총장직을 사퇴하며 주민들에게 낸 입장문에서 "정통보수 정당의 일원으로서 백의종군하겠다"며 "저 악독한 이재명 패거리에 처절하게 맞서 싸우겠다"고 말해 아직도 윤석열 계엄에 대한 인식이 국민에 마음과는 동떨어져 많은 비판을 받고 있다.

독설 백의종군을 외치며, 국민의 뜻을 백안시하니 누구를 위한 싸움인가?

서범수 의원의 정당은?

❀ 129 서병수

출생 1952년 1월 9일

논란 서병수가 부산시장으로 재임하던 시절 서병수의 집안사람들이 운영하는 버스업체가 수십억 원짜리 공유지를 제멋대로 차지하고 영업을 해 논란이 일어났다. 이 회사가 차지하고 있는 땅 6천6백여 제곱미터는 모두 부산시 소유지였다. 한 해 2억 5,000만 원이나 되는 임대료를 한 푼도 내지 않았다.

이 공유지의 땅값은 공시지가로 1㎡당 86만 원, 전체적으로 57억 원짜리 땅을 무단 점용하는 셈이었다. 부산시도 합법적인 차고지가 없으면 면허를 취소해야 하지만 아무런 조처도 하지 않았다.

부산국제영화제에 외압을 행사해 큰 논란을 빚었다. 6년간 부산국제영화제를 이끈 이용관 집행관을 사실상 해촉시켰다.

엘시티 비리에 대해서도 서병수 부산광역시장에 대해 의구심을 품는 여론이 아주 많은 상황이다. 엘시티의 대표를 지낸 정기룡이 서병수의 경제특보를 맡았고, 지금 엘시티가 건설 중인 중동이 있는 해운대구, 기장군 갑이 당시 국회의원이 서병수였기 때문이다.

실제로 정기룡은 엘시티 게이트로 1심에서 징역 2년 2심 재판에서 징역 1년 6개월을 선고받았다.

독설 57억짜리 공유지가 가족 경영의 공짜 차고지, 부산시민은 당신의 ATM이 아니다.

<u>서병수 의원의 정당은?</u>

❈ 130 서삼석

출생 1959년 8월 3일

논란 2016년 치러진 20대 총선 과정에서 재판을 넘겨졌다가 벌금 100만 원 이상이 확정되면 피선거권이 박탈돼 선출직을 상실하는데, 벌금 확정액이 90만 원이라 의원직을 유지하게 되었다.

2011년 무안 군수직을 중도 사퇴한 후 2018년 6월 국회의원 재보궐선거에서 당선되기까지 약 6년 반 동안 서삼석 의원의 재산은 6억 원가량 증식되었는데, 이에 대한 소득원이 불분명한 것이 논란이 되었다. 실제로 언론에 의해 제기된 두 차례의 낙선, 한 차례 당선된 국회의원 선거를 치르는 중에도 1년에 1억 원씩 재산이 증가하게 된 것에 대한 소명이 필요하다고 이야기했고, 서삼석은 이에 대해 "지역민을 분열시키고 공정선거의 가치를 크게 훼손하는 중대 범법행위에 대해 무관용 원칙으로 반드시 법적 책임을 묻겠다"고 강조하며 부인했다.

독설 그래서 6억 원은 어떻게 증식된 건가?

<u>서삼석 의원의 정당은?</u>

❈ 131 서영교

출생 1964년 11월 11일

논란 2013년 10월 당시 대학생인 자신의 딸을 국회 인턴 자리에 앉힌 것이 드러나 논란이 되었다. 더군다나 2015년에는 친동생을 5급 비서관 자리에 앉혀서 반성을 하지 않는다는 비판이 일어났다.

국회 인턴을 거친 서영교 의원의 딸이 그 후 2015년에 로스쿨에 입학한 것이 회제가 되었다. 로스쿨 입학에 있어서 학점보다 스펙인데 의사 경력이나 해외 로펌 경력 등을 제외하면 국회 인턴만큼 훌륭한 스펙은 찾아보기 힘들었고, 결론적으로 SKY 출신도 들어가기 힘든 로스쿨을 이른바 '인서울 로스쿨'에 들어갔다. 서영교는 감사원에 로스쿨 관련 특채가 있었는지에 대해 특혜 의혹을 제기하며 비판했지만, 정작 본인의 딸이 로스쿨로 특혜를 받았을 수 있다는 것에 대해서는 침묵으로 일관하고 있다.

2016년 7월 1일에는 큰오빠를 공기업에 취업시킨 것 아니냐는 의혹이 추가로 제기되었다. 2012년에 제19대 국회에 처음 당선되자마자 큰오빠를 서울도시철도공사 자회사에 6급 신입사원으로 취직시켰다는 의혹이다.

서영교의 오빠가 들어간 자리는 주로 관련 고등학교를 졸업했거나 자격증을 가진 20, 30대가 응시하는 자리였다. 서영교 오빠는 신입 입사 당시 나이가 54세였다. 그리고 오빠가 들어간 회사의 대표는 1999년 창당 준비위원으로 서영교와 함께 활동했던 사람이었다.

독설 서영교가 스펙인 가족!

서영교 의원의 정당은?

❀ 132 서영석

출생 1964년 9월 16일

논란 2022년 10월 30일에 경기 파주 M 저수지에서 '부천시 정당원 교육 워크숍'을 진행했는데, 워크숍에서 족구를 진행한 뒤 참석자들과 소주와 맥주를 나눠 마셨고, 포천 인근 식당으로 이동해 술자리를 한 차례 더 가진 사실이 알려지면서 논란이 되었다. 이날은 이태원 압사 사고로 국민 애도 기간이라 행사 자체를 삼가달라고 말했지만, 전혀 지켜지지 않고 술까지 더 먹어 많은 이들에게 비판을 받았다. 위안부 피해자, 유족에 대한 명예 훼손에 대해 처벌 뿐 아니라 위안부 관련 단체에 대한 사실적시에 의한 명예훼손도 금지하는「위안부 왜곡 처벌법」을 발의해 논란이 일었다.

독설 위안부 관련 단체는 법을 어겨도 면책특권이 생기는 건가?

서영석 의원의 정당은?

❈ 133 서일준

출생 1965년 5월 10일

논란 2022년 6월 1일 지방선거 당시 유세 발언과 관련해「공직선거법」위반 혐의를 받고 있는 서일준에게 경남경찰청은 소환조사를 요청했다. 하지만 거부하고 자신의 의원실인 여의도 국회의원회관 805호에서 자신이 정한 날짜와 시간에 조사해 줄 것을 요청했다.

선거 전에는 법 앞의 모든 이가 평등하다고 말을 했지만 정작 자신이 조사를 받을 때는 황제 특혜를 요구하는 것에 대해 많은 비판이 쏟아졌다.

독설 국회의원 앞 법 상식은 없다.

서일준 의원의 정당은?

❀ 134 서정숙

출생 1953년 2월 18일

논란 2023년 12월 5일 오전 국회에서 열린 원내대책회의에서 "온통 나 혼자 산다, 불륜, 사생아, 가정 파괴 등의 드라마가 너무나 많은 비율을 차지하고 있다"고 지적했다. "이제라도 좀 더 따뜻하고 훈훈한 드라마를 좀 많이 개발하셔서 사회 분위기 조성에도 방송사가 기여해 주길 간곡히 부탁드린다"고 말했다. 저출산 문제가 소득과 교육, 주택 문제 등이 겹친 우리 사회의 고질적이고 다층적인 문제인데 방송 프로그램 탓을 하는 것 자체가 지나치게 단편적 시각이라는 지적이 많이 나왔다.

독설 당신들이 국회에서 싸우는 모습이 더 해로운 방송 아닐까?

서정숙 의원의 정당은?

❀ 135 설훈

출생 1953년 4월 23일

논란 「교통사고 처리 특례법」 위반, 「도로교통법」 위반으로 벌금 200만 원을 1994년 4월 28일 선고받았다. 출판물에 의한 명예훼손, 「공직선거 및 선거부정 방지법」 위반으로 징역 1년 6개월, 집행유예 3년을 2004년 11월 30일 선고받았고, 2007년 2월 12일 특별사면 복권되었다. 2007년 3월 음주운전으로 경찰에 입건되었는데, 측정 수치를 신빙할 수 없다며 인근 병원에서 채혈을 하는 등 시간 끌기를 시도했으나 결국 면허취소를 당했다.

15대 대선에서 이회창 후보의 두 아들이 군 면제를 받은 것에 대한 의혹을 제기하며 이회창의 낙선을 주도했다. 그러나 이회창의 두 아들의 불법적인 병역기피 의혹은 결국 법적으로 무혐의였다. 결론적으로 가짜뉴스를 유포해 자신에게 유리한 선거 지형을 만들려고 한 것이다.

이 밖에도 16대 대선에도 이회창 후보가 최규선에게 20만 달러를 받았다는 최규선 게이트 설, 기양건설 10억 원 수수설 등의 거짓 선동을 통해 이회창의 낙선에 영향을 끼쳤다.

2015년 5월 천안함 피격 사건과 관련되어 "국민의 절반인 47.2%가 천안함 침몰에 대해 정부 여론조사를 못 믿겠다고 하는 상황"이라며 천안함 피격이 북한 소행이 아니라는 막말을 하였다. 더군다나 2020년 5월 25일에는 1987년 일어난 KAL기 폭파 사건의 배후가 북한이 아닐 수 있다는 점에서 재조사를 해야 한다는 믿을 수 없는 망언을 하였다.

2020년 8월에는 민심이 정부와 여당으로부터 돌아서자 국민들이 '정상 상태로' 돌아올 것이라며 국민들을 비정상 상태로 취급하였다. 서해 공무원 피살 사건에 대해서 "아무것도 아닌 일"이라는 식으로 말을 하였다.

독설 입으로 역사를 흔들지만. 국민 기억 속 당신은 부끄러움으로 남을 것이다.

<u>설훈 의원의 정당은?</u>

136 신동근

출생 1961년 12월 22일

논란 사드의 한반도 배치와 관련해서 중국의 반발이 일어났고, 신동근은 중국을 방문하여 사드와 관련한 의견을 듣고 의원외교를 하겠다고 하여 파장이 일었다. 국회에서 공개적으로 진짜 임차인을 자처했던 신동근이 사실은 집 대신 상가를 운영하며 월세를 받는 월세 소득자여서 거짓말 논란이 일었다. 2020년 9월 29일 신동근은 "월북은 반국가 중대범죄로 월경 전까지는 적극적으로 막고, 그래도 감행할 경우는 사살하기도 한다"는 어처구니없는 망언을 해 큰 비판을 받았다. 결국 북한군 피격 공무원 유가족은 "아버지와 유족의 인권을 침해했다"며 국가인권위원회에 진정을 냈다.

BTS가 한미 간 민간 우호 증진에 기여한 사람에게 준 밴 플리트상 수상수감으로 "올해 행사는 6.25전쟁 70주년을 맞아 의미가 남다르다. 우리는 양국이 함께 겪은 고난의 역사와 수많은 남녀의 희생을 영원히 기억할 것"이라고 밝혔다. 그런데 어처구니없게도 중국 국영 언론사 환구시보에서 "6.25 당시 조선을 지지키 위해 참전한 중국 군인들의 고귀한 희생을 무시한 것"이라는 생떼 같은 주장에 대해 신동근은 "대중적으로 이름이 알려진 이들의 발언이 그 나라의 민족적 자부심이나 역사적 상처를 건드리면 큰 사회적 문제로 비화되곤 한다"는 망언을 하였다.

2020년 11월 최고의원으로 활동할 당시 성폭행 논란으로 인해 서울시장 부산시장 보궐선거 후보를 내기 위해 당헌까지 고쳐가는 행동을 한 것에 대해 국민들이 어차피 후보 낼 것 알고 있었는데 뭐가 문제냐는 귀를 의심하는 망언을 해 논란이 일었다.

2021년 1월 15일 박범계 법무부 장관 후보자 인사청문회에서 박범계 후보자로부터 폭행을 당했다고 주장하는 '사시존치 고시생 모임' 회원들을 향해 "비정규직으로서 열악한 환경에서 손가락 잘려가면서 일한 노동자도 아니고 약자는 아니다."라는 발언을 하였다.

전국에 있는 국세청 간부들에게 문서가 공유되었는데, 그 당시 국회 기획재정위 소속 신동근 의원 장남이 결혼한다고 알리는 내용이었고, 이는 국장 중에서도 최고 실세인 기획조정관 명의로 나간 공지였다. 본인이 감사하는 기관에 본인 아들 결혼식 청첩장을 뿌린 셈이라 국민들의 따가운 눈초리를 받았지만 정작 본인은 뭐가 문제인지 모르는 듯해 아연실색하게 하였다.

독설 망언 삼진아웃제가 있다면 당신은 국회의원 제명이다.

신동근 의원의 정당은?

137 신영대

출생 1968년 1월 15일

논란 2020년 10월 22일 산업통상자원부 국정감사 과정에서 감사원에 월성 1호기 조기폐쇄 타당성에 대한 감사를 요청했다. 그런 가운데 신영대는 감사원의 산업부 감사 결과를 비판하였고, 지난 20대 국회 문제가 있다며 탈원전 관련된 논란 자체가 문제가 있다는 식으로 말을 하며 '에너지 전환 정책'을 계속 추진해야 한다며 몽니를 부려 논란이 일었다.

독설 탈원전을 외치기 전, 국민이 체감하는 전기료와 에너지 위기는 생각했나?

신영대 의원의 정당은?

❀ 138 신원식

출생 1958년 7월 24일

논란 1985년 10월 24일 신원식이 중대장이던 8사단 21연대 2대대 5중대가 경기도 포천군 영북면에 위치한 승진훈련장에서 진행된 공지합동훈련 도중 A 이병이 '포탄 폭발 사고'로 사망했다. 당시 신원식 중대장의 부대는 A 이병이 유기돼 있던 불발탄을 실수로 밟아 사고로 사망한 것으로 처리했다.

2019년 8월 24일 자유한국당의 '살리자 대한민국! 문 정권 규탄 광화문 집회'에 예비역 장군 신분으로 연단에 올라서 다음과 같은 말을 해 듣는 이로 하여금 경악을 금치 못하게 만들었다.

"우리는 매국노의 상징으로 이완용을 비난합니다. 그러나 당시 대한제국은 일본에 저항했다 하더라도 일본과 국력 차이가 너무 현저해 독립을 유지하기 어려웠습니다. 이완용이 비록 매국노였지만 한편으론 어쩔 수 없는 측면도 있었던 것이 사실입니다." 일본 입장에서 한일합병을 합리화하는 일본 극우파의 논리를 그대로 따라 한 것에 대한민국 국방부 장관이 할 소리냐며 많은 비난을 받았다.

2019년 9월 부산 태극기 집회에서 "2016년 박근혜 대통령을 파멸로 이끈 촛불은 거짓, 촛불은 반역"이라고 발언하였고, 5.16에 대해서는 혁명이라고 말했다.

신원식의 아내가 고급빌라 지분을 가지고 있는데 신원식이 재산 신고 때 신고하지 않는 것으로 밝혀졌다. 2023년 8월 13일 신원식 국방부 장관은 박정훈 전 해병대 수사단장에게 "3류 저질 정치인의 악습 흉내를 낸다"며 "자신과 군의 미래에 두고두고 해악을 미칠 일탈 행동을 멈추고 당당한 군인의 길로 돌아오라"고 말했다.

독설 윤석열 계엄령 조언은 신원식에게 들었던 것 아닐까?

신원식 의원의 정당은?

❀ 139 신정훈

출생 1964년 12월 6일

논란 1985년 서울 미국문화원 점거농성 사건으로 3년간 복역했다. 2024년 3월 4일 나주 동강면에서 주민들에게 당내 경선 참여 방법을 독려하는 과정에서 「공직선거법」 위반 논란에 휩싸였다. 신정훈은 "권리당원이 권리당원으로 경선에 참여하고, 시민경선에도 참여하려면 권리당원이 아니라고 해야지 투표를 할 수 있다. 권리당원이라고 하면 전화가 끊긴다. 무슨 말인지 알겠냐"며 거짓 응답과 이중 투표를 권하는 듯한 발언을 하였다.

이에 대해 신정훈은 고의가 아니라고 주장했다.

독설 고의가 아니었다면, 그 발언은 무지인가? 기만인가? 둘 다 문제다.

신정훈 의원의 정당은?

❀ 140 신현영

출생 1980년 11월 17일

논란 서울 이태원 압사 사고 당시 현장에 가기 위해 명지병원 재난의료지원팀이 탑승한 닥터카를 이용하느라 재난의료 지원팀의 현장 출동이 지연되었다. 해당 논란이 발생하기 전에 신현영은 각종 매체에 참사 발생 지후 자신이 직접 현장에 도착하여 작성한 기록들을 언급하며 대응이 부실했다며 정부에 질타를 보냈다. 하지만 결론적으로 자신으로 인해 현장급파를 지연시키고 구조활동에 차질이 빚어져 큰 논란이 일어났다.

골든타임이 4분이라고 말한 바 있던 신현영은 결론적으로 본인 때문에 닥터카가 10여 분 지연된 것에 대한 책임론 논란이 일었다.

독설 골든타임 4분을 외쳤지만, 10분 지연의 대가는 누군가의 생명이었다.

신현영 의원의 정당은?

❋ 141 심상정

출생 1959년 3월 28일

논란 2017년 10월 9일 tvN의 『행복난민』이라는 프로그램에 출연해 덴마크에 갔는데 덴마크의 여러 시민이 심상정을 알아보며 악수를 청하며 사진을 찍자는 요청을 하는 장면이 연출되어 조작방송 논란이 일었다. 그도 그럴 것이 우리나라 대통령도 잘 모를 정도로 외지인 곳에서 한국의 정치인을 연예인 보듯이 한다는 것 자체가 어불성설인 것이다.

비례대표 의석수를 '권역별'로 적용하는 방법에 대해 참가한 기자가 "예시를 들어달라." 말하자 심상정은 "산식이 굉장히 복잡하다. 정해지면 나중에 컴퓨터로 처리하면 된다." 말했다. 기자가 산식을 보여달라 말하자 "국민들은 산식이 필요 없어요. 예를 들어서 컴퓨터를 칠 때 컴퓨터 치는 방법만 알면 되지 그 안에 컴퓨터 부품이 어떻게 되고 이런 것은 알 필요가 없지 않느냐"는 말을 해 주변을 아연실색하게 만들었다.

2019년 10월 27일 제21대 국회의원 정수에 대해서 "현행 300석에서 10% 범위 내에서 확대하는 합의가 이뤄진다면 가장 바람직하다"고 말해 국민 민심과 동떨어진 발언이라는 비판을 받았다.

2020년 8월 7일 폭우로 피해를 입은 경기도 안성시 죽산면으로 복구 봉사활동에 나섰고 관련 행보를 SNS에 홍보했는데 심상정의 티셔츠가 너무나도 깨끗해 구설수에 올랐고, 결론적으로 그 사진은 삭제하였다.

독설 현실성 없는 연출은 신뢰를 무너트리고, 정치인을 허구로 만든다.

심상정 의원의 정당은?

142 안규백

출생 1961년 4월 29일

논란 2022년 9월 28일 한미일 연합훈련 일정을 훈련 위치까지 본인 SNS에 게재했다. 실제로 이 정도의 보안 내용은 일급비밀로 어느 경위로 안규백 의원에게 넘어갔는지에 대해서도 큰 논란이 일었다. 국회 국방위를 오래 하다 보니 군 관계자들을 많이 안다는 식으로 넘어갔지만 실제로 국방부와 해군 측은 훈련과 관련해 기자단에게만 알리고 국방 국방위 어느 위원에게도 사전 통보하지 않았다고 말해 어떤 경로로 정보를 습득했는지에 대해서 큰 의문을 낳았다.

실제 안규백 의원의 SNS 게재 이후 중국 정보함이 훈련 위치 근방에 출몰했고, 훈련 시 북한 잠수함 역을 맡을 미국 아나폴리스함은 작전 보안 문제로 대부분의 훈련에 불참했다.

결국 5년 만에 이뤄진 연합 잠수함 훈련은 제대로 이뤄지지 않았고, 국민의 알 권리를 위해서였다고는 하지만 그 피해는 천문학적 피해라 큰 논란이 일었다.

독설 국민의 알 권리 대신, 국가의 안전을 팔아넘겼다.

<u>안규백 의원의 정당은?</u>

❀ 143 안민석

출생 1963년 8월 13일

논란 박근혜-최순실 게이트 발발 후 거짓뉴스를 남발해 큰 비판을 받고 있다. 독일 검찰이 최순실의 독일 재산을 추적 중이며 그 액수는 조 단위라는 이야기를 하였다. 실제로 본인이 독일을 갔다 온 후 JTBC와의 인터뷰에서 "박정희가 국가 돈을 빼돌린 것이 무려 8조 5,000억 원이었고, 그 돈은 현재 가치로 치면 약 300조나 된다"고 주장했다.

 그리고 그 돈이 최순실과 연관되어 있다면서 박근혜-최순실 게이트의 불을 지피는 역할을 하였다. 결과적으로 안민석이 독일까지 찾아가서 난리 친 거에 비해 400조는커녕 40억 원도 환수하지 못했고, 현재까지도 아무 근거도 없는 주장이다.

 자신이 그렇게 가짜뉴스를 말해놓고 자신은 아니라는 식으로 발뺌을 해 더 큰 비난을 받고 있다.

 광우병 사태 때 경찰에게 폭행당했다고 주장했으나 실은 본인이 먼저 경찰을 공격했고, 그 와중에 대응하던 의경에게 맞았다는 이유로 경찰 간부를 불러놓고 국회의원을 때렸다며 무저항의 상대방을 구타했던 상황이 촬영된 영상이 발견되어 오히려 벌금형을 선고받았다.

2011년 대구 중학생 집단 괴롭힘 자살사건 당시 빵셔틀 등의 강제적 심부름을 학교폭력에 포함시키는 여부를 토론 중에 안민석은 "그것을 시킬 수도 있지."라는 발언을 했다.

2018년 11월 8일 라디오 정준희의 최강시사에 출연하여 방탄소년단의 평양 공연을 추진하겠다는 발언을 하였는데 어떤 협의도 없이 일방적으로 이야기한 것이라 큰 논란이 일었다.

장자연 사건의 증인이라고 주장하던 윤지오에 대해서 신뢰한다며 같은 뜻에 국회의원들을 모아서 모임도 만들었다. 하지만 윤지오가 했던 말들은 거짓으로 밝혀졌고, 캐나다로 도피까지 하는 행위를 보이자 안민석은 모르쇠로 일관하며 무책임한 모습을 보여 큰 비판을 받고 있다.

독설 3류 소설가가 국회의원이 되면 벌어지는 일

안민석 의원의 정당은?

❀ 144 안병길

출생 1962년 2월 2일

논란 국민권익위에서 부동산 불법 거래 의혹이 있다고 한 현역의원에 포함되었다. 2023년 4월 13일 후쿠시마 원전 처리수 방류 관련 긴급 좌담회, '후쿠시마 원전 처리수, 과학적 검증 방안은 무엇인가?'를 개최하였다. 긴급 좌담회에서 후쿠시마 원전 처리수 관련되어 일본 정부와 도쿄전력이 사용하는 처리수라는 식으로 주장하여 논란이 일었다. 후쿠시마 오염수 방출에 대한 의혹들을 무조건 가짜뉴스로 지목하고 원전 익혹 제기 및 검증을 요구해 온 시민단체와 학자들을 평가절하하

였다.

독설 상대방 전문가 조언은 괴담 루머 생산자, 내 정치성향 전문가는 전문가. 그리고 국민은 내 쪽 전문가 말만 들어라!

안병길 의원의 정당은?

❀ 145 안호영

출생 1965년 10월 11일

논란 20대 총선을 앞두고 안호영 의원의 측근들이 「정치자금법」 위반으로 기소되었다. 안 의원의 친형과 당시 선거캠프 총괄 본부장 류모 씨 등 3명은 "당시 1억 3,000만 원을 전달한 사실은 인정하지만, 검찰이 공소를 제기한 정치자금법 위반 대상 자금은 아니다", "식비 등 안 의원의 선거운동에 사용될 선거자금일 뿐이었다. 돈을 받은 사람 역시 「정치자금법」상 정치활동을 하는 자에 포함되지 않는다"며 혐의를 부인했다. 그리고 2021년 6월 24일 무죄가 확정되었지만, 뒷맛이 씁쓸한 것은 사실이다.

독설 법원이 무죄를 내렸다고 해서, 국민의 의심이 풀린다고 생각하는가?

안호영 의원의 정당은?

❀ 146 양경숙

출생 1962년 9월 6일

논란 2020년 10월 16일 국정감사 중 이주열 한국은행 총재가 엄격한 재정준칙이 필요하다는 입장을 밝히자 「친절한 금자 씨」 대사 "너나 잘하세요."라는 말을 하고 싶다며 조롱했다. 그와 함께 이주열에게 역대 최악의 한국은행 총재라는 타이틀을 달면서 가계부채 폭탄과 초인플레 폭탄을 떠넘기는 발언을 하였다.

지역 시, 도 의원들에게 그들이 모은 권리당원 명부, 성명과 주소, 전화번호, 생년월일 제출을 요구해 논란이 일었다. 아이러니하게도 본인은 국회에서 개인정보 침해 시 당사자 아닌 누구나 신고를 할 수 있는 것을 내용으로 한 「개인정보보호법」 개정안을 대표 발의했다는 점이다.

양경숙 아들이 2015년 사회복무요원 판정을 받은 뒤 전시근로역으로 분류되었다. 전시근로역으로 분류되면 평시 병역이 면제된다. 병무청 규정상 사회복무요원으로 판정받고, 별다른 연기 사유 없이 3년간 징집되지 않으면 전시근로역으로 분류된다.

독설 "너나 잘하세요."라는 당신 말에 국민은 말한다. "반사."

양경숙 의원의 정당은?
_____

❀ 147 양금희

출생 1961년 11월 15일
논란 김건희 여사 팬카페가 비선의 중심으로 떠오르자 양금희는 김 여사 행동에 문제라기보다는 김건희 여사님의 활동을 보조해 줄 수 있는 인원이 지금 비서실에 너무 부족하다고 말을 하였다. 그러면서 비서실의 인원이 보강된다면 팬카페 논란은 줄어들 것이라 말하였다.

지역구 현안인 칠성지구 초등학교 문제와 대구 대현동 모스크 건축 논란에 대해 별다른 움직임을 보이지 않아 2023년 1월 『매일신문』이

북구 갑에 거주하는 만 18세 이상 지역 주민들을 대상으로 실시한 여론조사에서 '기여하지 못했다.'라고 답한 경우가 51.6%로 과반을 넘겼다.

독설 비서실 인원 비용, 국민 세금 아닌 당신이 내면 인정!

<u>양금희 의원의 정당은?</u>

❀ 148 양기대

출생 1962년 10월 12일

논란 2021년 10월 13일 국회 행정안전위원회에서 열린 대구광역시 국정감사에서 권영진 대구광역시장에게 "지난해 2월 대구가 신천지 교인들의 집단감염으로 코로나 19 대확산의 근원지가 됐다는 불명예도 있었다."라는 말을 해 지역 비하 논란이 일어났다.

이에 반해 교착상태에 있는 남북관계를 진전시키고, 실질적인 성과를 내기 위해 한반도 종단 남북 고속철도 건설 등 남북관계의 혁신적 변화를 이끌어낼 수 있는 남북뉴딜 정책을 제안했다. 특히나 남북 고속철도 건설로 북한 핵무기를 녹일 수 있다는 말을 해 논란이 일었다.

독설 북한에 그렇게 친절한 사람이 왜 대구에는 친절하지 않은가?

<u>양기대 의원의 정당은?</u>

❀ 149 양원영(양이원영)

출생 1971년 5월 14일

논란 비례정당 관련해 항상 말 바꾸기를 하고 원전과 관련해서는 탈원전 활동가들도 지적할 정도로 원자력 발전 자체에 대한 몰이해와 이를 넘어 탈원전의 목표, 방향에 대한 이해도도 떨어지는 행동을 하였다. 코로나 확진자 수 관련되어 찌라시 글을 보고 이야기하는 식의 무책임한 언행을 계속하여 큰 논란을 일으켰다.

김현숙 여성가족부 장관 후보자 청문회 도중에 김현숙 여성가족부 장관 후보자를 두둔하는 과정 속 "천안함이 피격되었다고 해군 해체하냐"는 망언을 하였다.

김은경이 한창 "왜 미래가 짧은 분들이 1대 1로 표결해야 하나?"라는 식의 노인 폄하 논란이 한참일 때 양이원영 의원은 "지금 어떤 정치인에게 투표하느냐가 미래를 결정한다. 하지만 지금 투표하는 많은 이들은 그 미래에 살아있지도 않을 사람들"이라는 귀를 의심하게끔 만드는 망언을 하였다.

독설 무식한데 용감하면 이렇게 무섭다.

<u>양원영 의원의 정당은?</u>

❀ 150 양정숙

출생 1965년 3월 12일

논란 2020년 당시 국회에서 선출된 국가인권위원회 비상임위원 양정숙이 임명된 지 1달여 만에 21대 4.15 총선 출마를 위해 사퇴해 논란이 일었다. 국가인권위원 자리를 출마용 스펙으로 여긴 것이라는 비판이 나왔다.

　세금 탈루용 명의신탁 의혹뿐만 아니라 후보 검증 과정에서 당에 거짓 해명을 한 것에 따라 당의 윤리위원회는 양정숙의 제명을 의결했고, 결국 2020년 4월 29일 최고의원회에서 양정숙에 대한 제명이 확정되었다.

　2022년 12월 15일 항소심 재판 결과 「공직선거법」 위반 혐의는 무죄가 선고되고, 무고 혐의는 벌금 1,000만 원으로 감형되어 의원직이 유지되었다. 의원직이 유지되었지만, 언론에 재산 증식 의혹 및 여러 의혹에 대해 답변 회피와 각종 거짓 해명으로 일관했다.

　이에 KBS는 양정숙 의원에게 "공직의 의미는 무엇이고, 국회의원 배지의 무게는 얼마입니까?"라고 기사로 공개 질의를 할 정도였다.

독설 국회의원의 혜택이 없었다면 이렇게까지 집요하게 국회의원 자리에 연연했을까?

양정숙 의원의 정당은?

❀ 151 양향자

출생 1967년 4월 4일

논란 다른 사람들과 함께 쓴 공동저자 논문을 자신의 석사학위 논문으로 제출하면서 표절 논란이 일었다. 그러자 양향자 위원장은 『일요신문』에 지금 기준과는 달리 당시엔 관행이었다고 해명했다.

　2015년 10월 경기도 화성시 신규 택지개발지구와 인접한 그린벨트 지역 3천492㎡를 4억 7,520만 원에 매입하여 보유하고 있는 것으로 알려졌다. 이를 두고 개발 인접지 호재를 노린 투기가 아니었냐는 의혹이 일었다. 더군다나 LH 사태 당시에 자진 신고 시에는 책임을 묻지 말자는 뉘앙스의 글을 올려 논란을 만들었다. 국가수사본부가 전방위적인 수사를 벌이고 있을 때 양향자 국회의원이 수사 대상으로 확인되었다.

2021년 5월 17일 경찰 특수본은 양향자 의원의 화성 그린벨트 투기 의혹에 대해 땅을 매입할 당시 내부 정보를 이용할 위치에 있지 않았다고 하여 무혐의 결론을 받았다.

2021년 6월 22일 양향자 광주광역시 서구 을 국회의원 지역사무소 회계책임자인 남성 A씨가 직원 B씨를 상습 성추행, 성폭행을 가했다는 의혹이 제기돼 파문이 일어났다.

그런데 2021년 6월 23일 JTBC 뉴스룸 보도에 따르면 취재 결과 성폭행을 저지른 A씨는 양향자의 외사촌 남동생이었고, 양향자가 '성폭행은 없었다'는 식으로 말하라고 이야기했고, 추후 취업 알선을 해주겠다며 회유했다는 것까지 밝혀졌다.

독설 지인이 성폭행 혐의받으면 회유하고 취업 알선해 주는 것이 당신 삶의 관행이었나?

양향자 의원의 정당은?

❋ 152 어기구

출생 1963년 1월 10일

논란 2018년 3월 5일 밤 어기구가 자기 아들이 MBC 아나운서 지원을 했다며 페이스북에 공개적으로 글을 올렸다. 문제는 MBC는 블라인드 채용을 채택하고 있어, 지원자나 신부을 공개하면 안 된다는 점이다. 국회의원 지위를 이용해 MBC에 공개적 취업 청탁을 했다는 논란이 커졌다. 결국 대국민 사과와 동시에 아들의 아나운서 지원 철회를 결정했다고 발표했다.

2021년 10월 18일 오전 당진시 수청동의 어기구 지역사무실에서 열린 의정간담회에 당진시 농민회장 김희봉을 비롯한 농민회 회원과 어기구, 어기구 보좌관이 참석했는데 언쟁이 벌어졌다. 이 과정에서 어기구는 "왜 떠드느냐"고 화를 내며 회의자료를 집어 던지고 '양아치***'라고 욕을 해서 농민회 측이 어기구에 대한 징계를 요구하는 일이 있었다.

2023년 9월 22일 이재명 체포동의안 표결 관련되어 "죄송합니다. 못 막아서요."라며 체포동의안에 투표 인증샷을 보낸 것이 인터넷에 유포되어 문제가 되었다. 「공직선거법」에서는 투표용지를 촬영하면 처벌받는다. 하지만 체포동의안 표결은 「공직선거법」이 아닌 「국회법」의 적용을 받고, 「국회법」에는 무기명 원칙 위배 관련 처벌 조항이 없기에 제재할 방법이 없었다.

독설 아들이 눈치가 없네. 블라인드 채용 없는 곳으로 지원했어야지!

어기구 의원의 정당은?

❀ 153 엄태영

출생 1958년 3월 12일

논란 2021년 6월 18일 발달장애인이나 치매 환자 등의 실종을 예방하도록 하는 「실종아동등의 보호 및 지원에 관한 법률」 개정안을 대표 발의했다. 개정안에 따르면 아동 지문 정보를 의무적으로 등록해야만 하며, 자폐, 지적, 발달장애인과 치매 노인의 경우 당사자 동의 없이 보호자의 요청만으로 위치추적 장치를 달 수 있다. 또한 보건복지부 장관이 위치추적 장치 부착에 소요되는 비용을 전부 또는 일부 지원하는 내용이 골자다.

국가위원회에서는 실종에 대비하기 위해 아동의 지문을 의무적으로 등록하도록 하는 것은 헌법상의 과잉금지 원칙이며, 아동의 자기결정권 침해로 보고 있다. 특히나 장애인 단체들은 대표 발의한 엄태영 의원 외 10인에게 "의원님 보호자께서 실종 예방을 위해 의원님 몸에 위치추적 장치를 달아야 한다고 하면 동의하시겠습니까? 본인의 일이라면 반대하실 일을 왜 정신적 장애인이라는 이유로 강요하시는 건지 모르겠습니다."라고 일갈했다.

독설 장애인은 특별한 대우를 받고 싶은 것이 아니라 일반인과 똑같은 대우를 받고 싶은 것이다.

엄태영 의원의 정당은?

❈ 153 오기형

출생 1966년 11월 25일

논란 4.13 총선 서울 도봉을 지역에 오기형 변호사를 전략공천 하겠다는 방침을 밝혔고 그에 따라 이 지역에 출마했던 예비후보가 당의 공천 방식을 문제 삼았다.

실제로 도봉구 지역구에서 물러나게 된 현역 국회의원이 '제3의 후보'를 자신의 후임자를 지목했다는 식이 되어 다른 후보들에게 형평성 논란이 일었다. 제대로 된 경선경쟁이 아닌 당 차원의 결정이었기에 이른바 후보가 이미 결정된 경선이었다는 데 큰 논란이 일었다.

독설 후보가 이미 결정된 경선? 그럼 경쟁을 벌이는 다른 예비후보들은 들러리일 뿐이다.

오기형 의원의 정당은?

✽ 154 오영환

출생 1988년 2월 10일

논란 조국 사태에 대해 "당시 학부모들이 하던 관행을 언론이 부풀렸다."라고 주장해 큰 논란을 일으켰다. 이후 방송에서 자신의 발언에 문제가 된 것을 인지하고 반성한다고 발언했다. 그리고 그 후 1년 뒤에 치러진 2021년 재보궐 선거의 패배 원인을 조국 법무부 장관에게 돌리면서 감탄고토(달면 삼키고 쓰면 뱉는다)의 말을 들어야 했다.

독설 언제는 관행이고, 언제는 책임을 다른 사람에게 떠넘기고, 그게 바로 당신의 정치철학인가?

오영환 의원의 정당은?

✽ 155 오영훈

출생 1969년 1월 31일

논란 범죄를 저지른 이력이 있는 연예인들의 방송 출연을 막는 「방송법」 개정안을 발의했다. 실제 국민의 80% 가까운 찬성을 보일 정도로 마약, 성범죄, 음주운전, 도박 퇴출을 찬성하는 여론이었다. 문제는 방송계에는 거센 피바람이 일겠지만 정작 노블레스 오블리주 정신이 있어야 하는 국회에 물의를 일으킨 사람들이 많다는 점이었다.

2024년 5월 2일 제주도 비계 삼겹살 사건과 관련하여 "사업체 운영과 관련해 행정이 과도하게 접근하기 어려운 측면도 있고, 식문화 자체에 차이가 있는 점도 고려해야 한다."라고 말해 전 국민의 분노를 일으키게 만들었다.

독설 당신이 먹는 삼겹살이 비계 삼겹살이면 인정할게!

오영훈 의원의 정당은?

156 우상호

출생 1960년 12월 12일

논란 2000년 5월 17일 5.18 민주화운동 기념일 전야제 행사에 참여하기 위해 광주광역시를 방문한 우상호는 박노해 시인, 이종걸 의원, 김태홍 의원들과 함께 새천년NHK 유흥주점에서 여성 종업원을 대동하고 술을 마셔 큰 논란을 빚었다.

"역사의 진실을 밝히는 길에 함께하겠습니다."라는 성명서와 함께 친일, 반인권, 반평화 세력의 부당한 공세로 취급하며 횡령 문제가 있는 정의연 윤미향을 지지하고 나섰다. 그러면서 2020년 5월 27일 윤미향의 횡령사건을 고발한 이용수 할머니를 두고 "할머니의 분노는 '내가 정치를 하고 싶었는데 나를 못하게 하고 네가 하느냐. 이 배신자야.'로 요약할 수 있다."라고 망언을 하였다.

그리고 추미애 아들 무단 탈영 문제에 대해서 "카투사 자체가 편한 군대라 아무런 의미가 없다", "카투사에서 휴가를 갔냐 안 갔냐, 보직을 이동하느냐 안 하느냐는 의미가 없는 얘기"라고 말해 안 좋은 여론에 기름을 부었다.

2022년 6월 17일 서해 공무원 피살 사건 진상 규명에 대해 "피살 사건이 그렇게 중요한 일인지 모르겠다", "먹고사는 문제가 얼마나 급한데 이게 왜 현안이냐", "중요하지 않은 진상규명에 협조할 생각이 없다."라는 망언을 하였다.

독설 인권과 평화를 위한다는 것이 유흥주점 가고, 횡령 비리 있는 사람 두둔하는 건가?

우상호 의원의 정당은?

❀ 157 용혜인

출생 1990년 4월 12일

논란 2020년 4월 28일 유튜브 채널에 국회의원 배지를 인증하는 영상을 올리면서 배지를 잃어버리면 38,000원에 다시 사야 한다고 설명했다. 시청자가 중고나라 10만 원에 팔라고 글을 달자 용혜인은 "신박한 재테크 방법이네요."라고 말해 국회의원의 중책의 상징물을 희화화했다는 논란이 일었다. 2023년 3월 9일에 공무 수행이 아닌 가족여행에 김포공항 귀빈실을 사용하여 논란이 일었다.

21대 총선에서 비례대표 후보 5번을 받아 국회에 입성하게 되었고, 22대 총선 때는 위성정당에 입당하여 비례대표로 또 국회에 입성하여 비례대표로 2연속 국회에 입성하는 꼼수를 부려 국민들에게 큰 비난을 받고 있다.

독설 비례대표로 2연속 국회 입성. 정치적 꼼수는 국민을 기만하는 행위다.

용혜인 의원의 정당은?

158 우원식

출생 1957년 9월 18일

논란 2020년 9월 23일 「민주유공자 예우에 관한 법률안」을 대표 발의하였다. 이른바 '셀프보상' 논란이 일어났다. 이 논란은 민주유공자 심의회가 민주화운동 유공자로 인정한 자의 자녀에게 중·고등학교와 대학 학비를 전액 지원하고 민주화운동 관련자 '특례 입학'을 골자로 하고 있다.

사실 이 법이 논란이 된 것은 국가유공자와 다르게 민주화운동 관련자를 민주유공자로 지정한다는 것인데, 민주유공자라는 기준이 모호하다는 점이다. 실제로 민주화 보상심의위가 선정한 민주화운동 가운데 하나로, 당시 북한과 연계된 간첩사건으로 유명한 '남조선민족해방애국전선'도 포함되었다. 이 당시 체제 전복을 위한 혁명자금을 마련할 의도로 금품을 훔치고 경비원을 칼로 찌른 사건이었다. 그와 함께 1990년대 초 남한에서 사회주의 혁명 실현을 위해 조직된 남한사회주의노동자동맹이 국가안전기획부에 의해 체포된 일명 '사노맹 사건'도 민주화운동으로 포함되어 혜택을 받는다는 점이었다.

권력의 잘못된 점을 투쟁한 사람들이 권력인이 되자 자신들의 이익을 위해 법안을 만들었다는 비판이 일어났다.

독설 과거의 우원식이었다면 법안 만들려는 당신을 향해 투쟁했을 것이다.

우원식 의원의 정당은?

🌸 159 유경준

출생 1961년 6월 17일

논란 성심당 광역시, 성심당을 위해 대전 간다고 할 정도로 유명한 성심당. 그런 성심당이 대전역에 오픈을 하였고, 많은 이들의 사랑을 받았다. 그런데 난데없이 국정감사장에서 유경준은 전직 통계청장 존재감을 내세우듯 코레일 유통과 성심당이 담합했다고 의혹을 제기했다.

그러면서 현재 임대료 1억에서 4억으로 인상된 것에 대해 성심당이 운영이 어렵다고 말하기보다 대전역점의 순이익을 공개하라고 압박했다.

독설 국회의원 연봉에 따른 국가가 가지는 순이익을 통계로 제출이나 해라!

유경준 의원의 정당은?

🌸 160 유기홍

출생 1958년 6월 11일

논란 서울대학교 부총학생회장이었던 김 모 씨가 피해자의 폭로와 2021년 12월 21일 『조선일보』 기사를 통해 전 여자친구에 대한 성폭력을 행사하였음이 드러났다. 해당 인물은 유기홍 의원의 비서(9급)로 재직 중이라 학내 비판의 대상이 되었고, 결국 자신의 SNS에 사과문을 올리고 자리에서 물러났다. 그런데 2022년 7월 22일 성관계 불법 촬영 논란으로 보좌진에서 사퇴한 해당 인물을 8급 비서관으로 다시 불러들인 것으로 확인되었다. 결국 논란이 되며 면직 처리되었다.

독설 1년만 자숙해. 더 좋은 자리 줄게.

유기홍 의원의 정당은?

❀ 161 유동수

출생 1961년 9월 18일

논란 2016년 2월 5일, 자신의 지역구인 인천 계양구의 한 사무실에서 선거대책본부장 A 씨에게 100만 원을 건넨 혐의로 「공직선거법」 의혹으로 기소되었다. 1심은 의원직 상실 300만 원을 선고받았으나 2심에서 일부 죄만 인정되어 의원직 유지 가능한 벌금 90만 원을 선고받고 의원직을 유지했다.

양승태 대법원장 시절 법원행정처가 유동수 의원에게 특허청장을 비판하는 발언을 해달라고 부탁한 뒤 그 대가로 재판을 도왔다는 정황이 드러났다. 당시 특허청이 특허심판과 관련해 법원이 반대하는 정책을 추진하자, 유동수 의원에게 특허청장을 질타해 달라고 부탁한 정황을 확인했다.

그리고 그 후 유동수는 1심 300만 원에서 2심 의원직을 유지할 수 있는 벌금 90만 원을 받고 검찰은 상고를 포기했다.

유동수 아내인 정 씨는 배추와 고추를 심겠다고 농업경영계획서를 작성해 2007년 4월 토지거래허가구역인 인천 서구 백석동 밭을 샀다. 2007년 3월 당시 건설교통부가 백석동 일대를 택지개발 예정지구(한들지구)로 지정한다는 발표를 한 지 열흘도 지나지 않아 땅을 사들인 것이다. 그리고 2018년 9월 10억 5,600만 원에 매각했다.

독설 냄새는 나지만 증거가 없는 사건이 국회의원들에게는 왜 이리 많이 발생하는가?

유동수 의원의 정당은?

❀ 162 유상범

출생 1964년 6월 4일

논란 2022년 5월 17일, 유상범 의원은 한국 내 모든 나이를 '만 나이'로 통일하는 일명 「만 나이 통일법」을 대표 발의했고, 2023년 6월 28일부터 본격 시행되었다. 2020년 10월 19일 국정감사장에서 옵티머스 펀드 투자자 명단에 김진표, 박수현, 김영호 의원들의 인사가 여럿 포함되어 있었다고 밝혔는데 그들은 동명이인이었다. 검증 없이 무조건 정치 공세에만 몰두했기에 벌어진 해프닝이었다.

2023년 윤석열 대통령의 『워싱턴포스트』 인터뷰에 따르면 윤 대통령은 "유럽은 지난 100년 동안 여러 차례 전쟁을 겪었지만, 전쟁 중인 국가들은 미래를 위해 협력할 방법을 찾았다"며 "100년 전에 일어난 일 때문에 일본인이 무릎을 꿇어야 한다는 생각을 받아들일 수 없다."라는 망언을 했다. 이와 관련해 당시 유상범 수석대변인은 "영어로 번역되는 과정에서 있을 수 있는 오역을 가지고 반일감정만 자극하고 나선 것이다."라며 망언을 한 윤석열 대통령을 두둔해 큰 비판을 받았다. 그리고 『워싱턴 포스트』 기자가 원문을 공개하자 자신의 블로그 및 페이스북에 같은 내용으로 작성했던 글을 삭제하는 졸렬한 행위를 보였다.

독설 1억 6,000만 원 연봉에 당신이 한 일은 윤석열 팬클럽 활동 그리고 한 살 어리게 만들어준 것.

<u>유상범 의원의 정당은?</u>

❀ 163 유의동

출생 1971년 8월 13일

논란 2013년 10월 24일 음주운전이 적발되어 벌금 100만 원 형을 받았다. 2121년 3월 23일 '5인 이상 집합 금지' 방역 수칙을 어기고 카페에서 모인 사진이 공개되어 논란이 일어났다. 일행이 아니라 카페에서 우연히 만난 것이라며 테이블도 따로, 계산도 다 별도로 했다고 해명했다.

  2018년 1월 17일 추미애의 신년 기자회견에 대해 "추미애 대표의 현실 인식이 거의 소시오패스급이라고 할 수밖에 없다."라고 비판해 국회 윤리위에 제소되었다.

독설 음주운전은 이제 기본, 국민에게 지키라는 것 못하면 실수, 내가 하면 촌철살인 남이 하면 폭언.

<u>유의동 의원의 정당은?</u>

❀ 164 유정주

출생 1975년 12월 13일

논란 2022년 5월 11일 김현숙 여성가족부 장관 후보자 인사청문회에서 "무능한 국민"이라는 말실수를 하여 큰 논란이 일었다. 자신의 말실수가 논란이 되자 "준비 안 된 무능은 국민에게 고통이다."로 정정했으나, 곧이어 "언어는 무의식의 반영이라고 할 수 있습니다."라고 발언하여 주변을 아연실색하게 만들었다.

  국회의원회관 9층 복도에서 유정주 의원 보좌관들이 유정주의 생일을 기념해 선물한 자전거를 타고 활보하는 일이 벌어졌다.

문화체육위 국정감사에 참고인으로 출석한 허구연 총재에게 꼬투리 잡기식의 비난을 했고, 허구연이 전문 단어와 해명을 하려고 하자 허 총재의 말을 끊고 의혹만 제기하는 식으로 심하게 몰아붙여 같은 당 사람도 제지할 정도였다.

2023년 11월 유정주는 한동훈을 겨냥해 "정치를 후지게 만드는 너, 구토 난다"고 모욕하여 큰 논란이 일어났다.

독설 금쪽이 초딩이 국회의원이 되었다.

유정주 의원의 정당은?

❀ 165 윤건영

출생 1969년 11월 5일

논란 백원우 전 의원이 현직 국회의원이던 시절, 노무현재단 산하 한국미래발전연구원 직원을 백 전 의원의 인턴으로 등록시켜 545만 원의 부정 급여를 지급받았다는 의혹이 제기되었다. 또한 당시 미래연의 직원 명의의 차명계좌를 재단 운영에 이용했다고 해 논란이 일어났다.

국군의 날 첨단 무기 공개 F-35 전력화 행사 등이 남북관계에 적절하지 않다는 평가를 해 어이없다는 평가를 받았다. 그 이유는 무기 행사들은 당시 문재인 대통령 재임 시절 청와대 국정상황실장으로 지내던 윤건영이 말할 내용은 아니었다는 점이다. 더군다나 남북공동연락사무소 폭파 사건 직후 "북한이 나름 노력했는데 그 대가가 무엇이냐고 요구하는 것 같다"는 망언을 하였다.

2002년 6월 16일 '포스트 코로나와 대한민국 풀체인지' 토론회에서 탈북민들에 대해 "그 나라가 싫어서 나온 사람들"이라고 하면서 북한 입장에서 역지사지로 생각해 보자는, 귀를 의심케 하는 망언을 해 큰 빈축을 샀다.

2021년 11월 문재인 전 대통령의 딸인 문다혜 가족이 청와대에 1년 이상 입주해 있다는 논란이 일어났다. 그러자 윤건영은 "친정에 있는 건데 야박함 넘어 야비하다."라는 말을 하였다. 그러면서 해외 정상들의 경우에도 가족들이 다 같이 산다고 하였다. 하지만 실제로 명백한 허위사실이었다.

국내 역사상에도 이승만 정권부터 문재인 정권까지 약 20명 정도의 대통령 자녀가 있는데, 이들 중 결혼 후 자녀까지 데리고 경무대 혹은 청와대에서 거주한 사람은 문다혜가 유일무이하였다.

독설 "북한이 나름 노력했다"는 당신의 발언은 폭파된 남북 공동연락사무소보다 더 심하게 국민의 마음을 무너트렸다.

<u>윤건영 의원의 정당은?</u>

✻ 166 윤관석

출생 1960년 8월 17일

논란 송영길 의원이 당 대표로 당선되었던 2021년 5월 2일 전당대회 당시 한국공공기관감사협회장 강래구가 이정근 전 사무부총장을 통해 여러 의원에게 불법 자금을 건넴으로써 「정치자금법」 및 「정당법」을 위반했다는 논란이 발생한 사건에서 이정근 전 부총장의 휴대전화를 포렌식 하면서 관련 통화 내역을 확보했다. 그런 와중에 2023년 4월 12일 이정근의 「정치자금법」 및 알선수재 등에 관한 1심 선고가 내려진 같은 날 서울중앙지검 반부패수사 2부가 윤관석 관련 20여 곳에 압수수색을 하였고, 그 와중 윤관석 의원 측이 이정근으로부터 총금액 2,000만 원인 돈 봉투 여러 개를 받았다는 것을 인정했다.

독설 돈 봉투 의혹을 부정하는 다른 의원하고 다르게 양심(?) 있게 인정한 것을 국민들은 칭찬해야 하는 거지?

윤관석 의원의 정당은?

❀ 167 윤두현

출생 1961년 5월 12일

논란 YTN에서 국제부 부장, 제작팀장, 해외사업팀장, 홍보심의팀장, 정치부 부장, 편집부 국장, 보도국 국장직을 역임하였고, 2013년에는 YTN의 모바일 부문과 웹 콘텐츠를 총괄하는 디지털 YTN의 대표이사 사장직을 맡았다.

 그리고 박근혜, 이명박 관련 논란은 축소시키거나 불방시키고, 반대 진영 관련된 뉴스는 무리하게 방송을 하는 식으로 방송에서 가장 중요한 균형 있는 보도가 전혀 이뤄지지 않아 2012년 YTN 노조는 그를 공정방송을 저해하는 YTN 5적의 한 명으로 선정하기도 했다.

독설 권력의 입맛에 맞춘 뉴스로 진실의 목소리를 불방시킨 언론 카르텔

윤두현 의원의 정당은?

❀ 168 윤미향

출생 1964년 10월 23일

논란 2024년 11월 14일 일본위안군위안부 피해자 후원금 횡령 등 혐의로 기소된 윤미향은 대법원에서 징역 1년 6개월에 집행유예 3년을 선고받았다. 무려 기소 4년 2개월 만에 최종 결론이 나왔다. 결론적으로 국회의원 기득권 4년을 누리고, 임기 마치고 7개월 지난 후 최종 선고가 나온 것이다.

이 밖에도 기부금을 횡령한 돈으로 딸의 유학비로 썼다는 의혹, 아파트 구매자금 출처 의혹도 나왔다. 윤미향 당선인의 남편 김삼석이 대표로 있는 「수원 시민신문」에서 기자 김영아가 2016년 2월 25일 윤미향, 김삼석의 딸 김하나를 홍보하는 기사를 올렸다. 그런데 이 신문기사를 쓴 기자는 실존하지 않는 기자였다. 「수원 기자신문」에 등록된 기자도 김삼석뿐이었다.

「자원의 절약과 재활용 촉진에 관한 법률」 개정안을 대표 발의했다. 이 발의안이 문제가 된 건 제품의 제조, 수입, 판매자는 환경부령으로 정하는 전문기관에서 제품 출시 전 포장 재질, 포장 방법을 검사받고, 그 결과는 포장 겉면에 표시해야 된다는 것이다. 이 검사를 받지 않거나 검사 결과를 거짓을 표시한 자에게는 1년 이하 징역 또는 1,000만 원 이하의 벌금이 부과된다는 것이다.

당연히 이 법안에 대해 여론은 폭발했고, 서민 단국대 의과대학 교수의 "재활용도 불가능해 보이는 폐급 의원께서 그리도 환경 걱정을 했단 말인가?"라는 조롱을 들었다.

2024년 1월 24일 국회에서 공개 토론회 '평화의 해법 모색, 어떻게 할 것인가?'를 개최했느데, 토론회에 참여한 김광수 부산평화통일센터 하나 이사장이 "최후의 방법이긴 하지만 어쩔 수 없이 전쟁이 일어난다면, 통일 전쟁이 일어나 그 전쟁으로 결과의 평화가 만들어질 수 있다면 그 전쟁관도 수용해야 한다", "우리는 「국가보안법」을 넘어서는 평화통일 운동을 해야 한다는 결론이 나온다. 국보법 핑계에 숨어선 안 된다는 것이다."라는 발언을 하였다. 이런 망언들이 나오는 회의를 윤미향이 주도해서 개최했다.

참고적으로 윤미향은 2021년 12월 1일, 「국가보안법」을 폐지할 것을 주장하였다.

독설 사기꾼도 국회의원 되면 면책받는 것이 K-정치인이다.

윤미향 의원의 정당은?

❋ 169 윤상현

출생 1962년 12월 1일

논란 전두환 전 대통령 외동딸 전효선과 함께 과외를 했던 인연으로 1985년 6월 16일 청와대에서 결혼식을 올렸다. 그 이후 윤상현 집안은 탄탄대로였다. 그의 부친은 1981년 공군 중령으로 예편한 후 중소기업인 대영전자에서 영업, 총무부장 등을 지내고 있었는데 전격 한국투자신탁 부사장이 되었다.

20대 총선을 앞두고 김무성 당시 대표를 두고 "XX 죽여버려."라고 비난한 녹취록이 공개되어 파장이 일었다. 그리고 2022년 8월 18일 대화 당사자라도 상대방과의 대화를 동의 없이 녹취하지 못하는 법안을 발의했다. 국회 출석률 하위권 명단에 항상 올라온다.

윤석열 대통령 탄핵소추 1차 투표 다음 날 12월 8일 배승희 변호사가 운영하는 유튜브 방송에 출연하면서 같은 당 김재섭 의원이 자신에게 "형, 나 형 따라가는데 지역구에서 엄청나게 욕먹는다. 어떻게 해야 하느냐"는 하소연을 들었다는 소원을 풀며, "나도 박근혜 탄핵 때 앞장서서 반대했다. 끝까지 갔다"며 "그때 나 욕 많이 했다. 욕 많이 먹었다. 그런데 1년 후에는 무소속 가도 다 찍어주더라."라는 망언을 하였다.

2024년 12월 11일 국회 본회의장에서 "대통령 비상계엄은 고도의 통치행위", "설령 대통령이 위헌 행위를 할지라도 대통령의 권한을 존중하여 사법적 판단을 자제하는 것이 대법원의 판례"라며 망언을 계속 이어가고 있다.

독설 전두환 사위는 생각하는 것 자체도 일반인과 다른 클래스가 존재하는구나!

<u>윤상현 의원의 정당은?</u>

❀ 170 윤영덕

출생 1969년 9월 7일

논란 2010년 1월 29일 음주운전으로 벌금 100만 원을 선고받았다.
광주광역시가 정율성 역사공원 기념 사업을 하는 데 있어 부정여론이 많이 올라오자 그 논란에 대해 기획의 냄새가 난다고 해 논란이 일었다. 정율성은 일제강점기였던 1914년 광주에서 태어나 중국 난징에서 의열단에 가입해 조선혁명군사정치간부학교를 졸업한 뒤 일본군을 상대로 첩보 활동을 벌이다가 옌안으로 이주해 중국 공산당에 가입했다. 그는 중국 인민해방국 군가인 「팔로군행진곡」을 작곡했다. 광복 후 북한으로 건너가 활동하다 「조선인민국행진곡」도 작곡했으며, 다시 중국에서 지내다가 사망했다. 정율성은 중국과 북한 모두에서 영웅으로 여겨진다.

이승만 기념관에 대해서는 부정적 시선을 가지고 있다.

독설 이념의 잣대로 영웅을 세우고 비난의 대상을 고르는 당신의 역사는 후대 어떤 평가를 받을까?

윤영덕 의원의 정당은?

❀ 171 윤영석

출생 1964년 10월 7일

논란 2012년 2월 22일 부산 동래구 모 커피숍에서 양산 국회의원 선거의 총괄기획과 공천에 도움을 주는 대가로 조기문 부산시당 홍보의원장에게 3억 원을 제공하기로 약속한 혐의로 불구속 기소되었다. 그리고 2012년 11월 23일 부산지방법원 1심에서 징역 6개월, 집행유예 1년 선고되어 당선무효형이 선고되었다. 그러다 2013년 6월 5일 2심에서 원심을 깨고 무죄를 선고받았다. 무죄 선고 이유는 이 사건의 핵심 증거인 녹음파일은 적법하게 발부된 영장에 의하지 아니하고, 「헌법」과 「형사소송법」을 위반해 행해진 압수이므로 증거능력이 없다고 했다.

2017년 6월 29일 조명균 통일부 장관 인사청문회 도중 개인 사진사를 불러 개인 프로필 사진을 촬영하여 논란이 일어났다. 더군다나 다른 의원의 질의시간 도중인지라 더 비판이 일었다.

2024년 4.10 총선을 앞두고 윤영석은 양산 평산마을을 지나는 유세

차량에서 주먹을 쥐며 "문재인 죽여!"라고 막말을 해 논란이 일었다.

김건희 명품백 및 논란에 대한 특검법 윤석열 탄핵 투표 때 불참하였다.

독설 눈앞 일어난 살인도 증거능력 없으면 무죄가 되겠네?

윤영석 의원의 정당은?

❀ 172 윤영찬

출생 1964년 8월 5일

논란 2018년 12월 청와대 특별감찰반 비리 논란과 관련해 "궁지에 몰린 미꾸라지 한 마리가 개울물을 온통 흐리고 있다", "불순물은 가라앉을 것이고 진실은 명료해질 것"이라고 당시 내부고발자인 김태우 전 특감반원을 은유법으로 비유하여 물의를 빚었다.

2020년 9월 8일 주호영 의원 연설이 카카오(당시 daum)에 보도되자 이를 지적하며 단체채팅방에서 "카카오 너무하군요. 들어오라고 하세요."라고 쓰는 것이 기자에 의해 포착되어 언론통제를 한다는 논란이 일었다. 실제로 윤영찬은 네이버 부회장을 지냈고, 청와대에서 국민수석까지 지낸 사람이었기에 더 큰 문제가 되었다.

독설 포털사이트 통제 능력으로 국회의원 된 것인가?

윤영찬 의원의 정당은?

🏵 173 윤주경

출생 1959년 5월 3일

논란 독립운동가 윤봉길 의사의 친손녀다. 21대 총선을 앞두고 비례대표 1번으로 국회에 입성했다.

"총선은 한일전", "토착외구 박멸" 등의 친일몰이성 프레임에 대해 "할아버지 참뜻은 국민 분열 아닌 통합과 자유, 정의, 평화"라고 반박해 화제가 되었다.

당시 독립기념관장이었던 윤주경은 "일본의 마지막 총독이 한국을 떠나면서 친일과 항일이라는 두 개의 대립 구도를 만들어, 이 사람들은 백 년이 지나도 여전히 싸우고 있을 것이라고 말했는데, 생각하면 화가 난다"고 말하며, 아직도 일제가 만든 프레임을 아직도 못 벗어났다고 말했다.

그런 윤주경은 윤석열의 2024년 12월 3일 윤석열의 정부 비상계엄에 대한 탄핵 투표 때 투표에 불참하였다.

독설 윤봉길 의사였다면 국회에 폭탄을 던졌을 것이다.

<u>윤주경 의원의 정당은?</u>

🏵 174 윤재갑

출생 1955년 2월 10일

논란 LH 부동산 투기 사건이 벌어지자 당 차원에서 권익위에 전수조사를 의뢰했고, 이후 부동산 투기 의혹으로 걸리자 탈당계를 제출했다. 경찰 수사 결과 투기와 무관하다고 판단하여 혐의없음으로 처분했으나 정작 윤재갑 의원의 배우자가 「농지법」 위반 혐의로 검찰에 기소의견 송치되었다.

페이스북에서 "사드는 중국에서 미국을 타격하기 위해 발사한 대륙간 탄도 미사일을 한반도에서 요격하기 위해 설치한 것으로, 미사일 상승 단계에 요격이 가능하기 때문에 중국이 반발한다."를 취지로 사드의 운용 개념과 완전히 다른 주장을 하다 일반인 논객에게 반박당하자 수긍하지 않고 반말로 응대하고 대응해 큰 욕을 먹었다. 더군다나 퇴역 제독인 사람이 사드에 대해 몰랐다면 무능이고, 알고 있었다면 정치인으로서 국민에게 거짓말을 한 것이 된다.

독설 국민을 가르치려 한 제독, 결국 자신의 무지를 드러낸 역습의 아이러니.

윤재갑 의원의 정당은?

❀ 175 윤재옥

출생 1961년 9월 10일

논란 대한민국 경찰공무원 출신의 정치인이다. 경찰 생활 내내 경찰대 출신 중 항상 최선두로 진급하여 조직 내 경찰대 출신 대표이자 상징 같은 인물이 되었다. 그런 행보와 다르게 김건희 명품 가방 뇌물 논란에 대해 "사건의 본질은 부당한 정치공작"이라고 김건희를 두둔했다. 뇌물 받은 김건희의 잘못이 아닌 몰카공작을 한 사람이 잘못이라고 하여 사람들이 아연실색하였다. 특히나 김건희 특검법은 단순히 윤석열 대통령 내외를 모욕하려는 의도라 폄하하며 윤석열 부부의 호위무사냐는 비아냥을 듣게 되었다.

독설 정의의 방패가 권력의 방패가 되었다.

윤재옥 의원의 정당은?

176 윤준병

출생 1961년 3월 3일

논란 박원순 성추행 사건과 관련해 자신의 페이스북을 통해 가짜 미투 의혹을 제기함과 동시에 박원순 시장이 피해자 보호하려 극단적 선택으로 죽음으로 답하신 거 아니냐며 주장해 큰 논란이 일어났다.

2020년 8월 초 「주택임대차보호법」 개정안이 전세의 월세 전환을 가속화할 것이라는 여론을 두고 "월세가 정상, 누구나 월세 사는 세상 온다."라는 주장을 해 많은 국민에게 질타를 받았다. 심지어 정작 "누구나 월세 살 것"이라고 발언한 윤준병 본인은 전국에서 순위권 안에 드는 부촌인 종로구 구기동에 주택 한 채, 공덕역 역세권 지역이자 부도심 지역인 마포구 공덕동에 오피스텔 한 채를 갖고 있는 건물주로 밝혀졌다.

2020년 9월 3일 자신의 8촌 친척을 국회의원 보좌진으로 채용한 것으로 드러나 정당의 윤리규칙을 어긴 것이라는 비판이 일었다. 그러자 지난달 의원실 고용이 아닌 개인 고용으로 변경했다고 해명했다.

'1가구는 1주택을 보유 거주해야 한다'는 내용의 「주거기본법」 개정안 발의에 참여했다. 그런데 정작 본인은 다주택자인 것으로 확인되어 언행불일치라는 비판을 받았다.

독설 입으로는 공정과 상식을 외치고, 행동으로는 특권과 위선을 누리다.

윤준병 의원의 정당은? _____

❀ 177 윤창현

출생 1960년 7월 28일

논란 서울시립대학교 교수 재직 시절인 2009년, 한 민간 연구원으로부터 천만 원을 받고 집필한 학술서가 표절이란 논란이 제기되며 구설수에 올랐다. 윤창현은 단순 보고서이기 때문에 표절이 아니라고 주장했지만, 보고서를 출간한 연구원이나 연구윤리 전문가들은 표절이라고 반박했다.

당시 이재용 삼성전자 부회장이 삼성전자 경영권 승계를 위해 삼성물산, 제일모직 불공정 합병을 주도한 혐의로 재판에 넘겨진 가운데 삼성물산 사외이사 출신 윤창현이 삼성의 지배구조와 관련한 법안을 심사하는 국회 정무위원회 소위에서 활동해 이해충돌 지적이 나왔다.

독설 사외이사로 삼성의 손을 들고, 국회의원 되어 국민의 눈을 감기려 하다!

<u>윤창현 의원의 정당은?</u>

❀ 178 윤한홍

출생 1962년 11월 1일

논란 윤석열 대통령과 김건희 여사와 친분을 가지고 있는 건진법사 전성배는 2018년 지방선거를 앞두고 영천시장 예비후보자들에게 공천을 빌미로 1억 원가량을 챙긴 혐의를 받고 있다. 그런 와중에 건진법사 전성배는 "윤한홍 의원에게 부탁해 공천을 줄 수 있다"는 취지로 돈을 요구했다는 진술을 검찰이 확보했다.

공교롭게도 윤한홍은 윤석열의 최측근인 윤핵관으로 불리고, 대통령직 인수위원회에서도 활동했다. 이밖에 윤석열 대통령의 명태관 봉화 녹취 폭로 다음 날 명태균에게 사태를 반전시킬 녹취를 공개하도록 회유하는 사실이 보도되어 논란이 일었다.

윤석열이 명태균에게 화내는 녹취나 아내나 장모와 통화하지 말라는 녹취를 틀어달라는 요구를 해 큰 논란이 일었다.

그리고 윤석열이 계엄령 선포 후 윤석열 탄핵소추 표결에 불참하였다.

독설 윤석열 대통령과 친분이 있다면 법의 테두리도 넘을 수 있다는 착각!

윤한홍 의원의 정당은?

179 윤호중

출생 1963년 3월 27일

논란 1984년 9월, 서울대학교 학생들이 축제 기간에 캠퍼스를 배회하던 외부인 4명을 정보기관의 정보원으로 의심하고 각목으로 폭행한 사건의 주동자로 징역형을 선고받았다. 2021년 3월 27일 서울시장 박영선 유세 현장에서 오세훈 후배를 쓰레기라고 원색적으로 비난해 논란이 일어났다.

현충원을 방문하여 뜬금없이 박원순 성폭력 사건, 오거돈 성추행 사건과 관련하여 피해자에게 사과하여 논란을 일으켰다. 2022년 5월 29일 경기도 용인시 유세 과정에서 김포공항 이전 관련되어 6.1 지방선거 결과에 따라 추진 여부가 달라질 수 있다고 말해 공약 보고 투표가 아닌 투표 결과 보고 공약 건다는 신개념 정치를 했다는 비아냥을 들었다.

독설 움직이지 마! 아직 입금 안 되었어! 입금 체크하고 공약 만들어!

윤호중 의원의 정당은?

180 윤후덕

출생 1957년 1월 9일

논란 로스쿨 졸업자인 딸을 취업시켜달라며 LG디스플레이의 한상범 대표에게 부탁하여 딸을 법무팀 직원으로 채용시킨 혐의로 논란이 일어났다. 이에 윤후덕은 "부탁한 것은 아니고 딸의 지원 사실을 알렸을 뿐"이라고 주장했다.

검찰 조사 결과 2016년 1월 무혐의가 나왔다. 하지만 씁쓸한 느낌을 져버릴 수 없다.

사립유치원 설립자의 행태를 고발한 유치원 원장에게 받은 문자를 고스란히 문제의 설립자에게 보냈다.

공익신고자를 보호해도 부족할 판에 이를 그대로 문제인물에게 보낸 것이다. 더군다나 「공익신고보호자법」 개정안을 대표 발의한 사람이 윤후덕이다.

독설 본인이 법 만들고 본인이 법을 어기는 신개념 노블레스 오블리주 정신

<u>윤후덕 의원의 정당은?</u>

181 윤희숙

출생 1970년 2월 7일

논란 "중소기업에 대하여 주 52시간 근무제 시행을 코로나 19 극복 이후로 유예로 하는 것이 전태일 정신을 진정으로 잇는 것"이라는 글을 자신의 페이스북에 올려 전태일 열사의 정신을 왜곡하고 모독했다는 논란이 일었다.

윤희숙은 과거 '나는 임차인입니다.' 연설로 부동산과 관련되어 정부와

당시 여당을 비판하며 본인이 아닌 가족 투기 혐의로 연루된 정치인들을 일갈해 많은 국민의 갈채를 받았다.

그러나 윤희숙 본인이 부친의 「농지법」 위반 의혹이 일어났다. 그리고 공인으로서 의혹이 발생된 점에 대해 책임을 지겠다는 취지로 의원직을 스스로 사임했다.

독설 당신이 아는 전태일 사장님 말고 국민이 아는 전태일 열사입니다.

<u>윤희숙 의원의 정당은?</u>

❀ 182 위성곤

출생 1968년 1월 20일

논란 TV조선 '시사쇼 이것이 정치다'에 출연한 위성곤은 "30개월 이상 된 소고기를 먹고 광우병에 걸린 사람이 세계에서 한 명이라도 나왔느냐?"라는 성일종 의원의 물음에 "왜 없느냐. 그것도 모르면서 지금까지 광우병 괴담이라고 했느냐! 수십만 명이 된다"고 주장했다. 그러나 광우병 걸린 사람은 전 세계 12개국 총 232건에 불과했다.

국민들이 보는 언론시사 프로그램에 가짜뉴스를 대놓고 유포한 꼴이 되어 큰 비판을 받았다.

독설 광우병 괴담으로 재미 본 것을 재탕하면 국민들이 속을 것이라 생각했는가?

<u>위성곤 의원의 정당은?</u>

183 이개호

출생 1959년 6월 23일

논란 2021년 4월 15일, 현역 국회의원 최초로 코로나 19 확진 판정을 받았다. 그와 함께 이개호 의원의 수행비서가 5인 이상 집합 금지를 4차례 위반한 것이 드러났고, 유흥주점에 간 것도 확인되어 큰 논란이 일어났다. 또한 이개호 의원 소속 보좌진들이 본회의 중 의원실에서 술판까지 벌인 것이 드러났다. 2016년 하반기 금호 아시아나 그룹 신입사원 공채에서 아들 특혜 입사 의혹이 일었다. 당시 금호아시아나 그룹 공채에서 금호고속의 모집 전공은 상경, 인문, 사회, 법정으로 공학 전공은 없었다. 그런데 이개호 의원의 아들은 공학 분야 학사학위 소지자였는데 입사를 하여 특혜 입사 의혹이 나온 것이다.

독설 특혜 입사의 의혹, 정당한 경쟁을 무시한 아버지의 그림자가 보인다.

이개호 의원의 정당은? ___

184. 이광재

출생 1965년 2월 28일

논란 2021년 3월 31일 재보궐선거를 앞두고 "40년간 박정희, 전두환, 노태우, 이명박, 박근혜 대통령이 나왔음에도 지금 대구 경제는 전국 꼴찌라면서 왜 그럴까?" 하며 대구 경제를 객관적인 자료 제시 없이 허위사실 유포를 하였다. 실제로 2019년 가계금융복지조사에서 조사한 결과에 따르면 국내 16개 광역지자체의 가구당 평균 자산을 보았을 때 대구의 가구당 평균 자산이 3억 4,272만 원으로 광역시 중에서 평균 자산이 가장 높다는 결과가 나왔다.

이 망언으로 인해 실제로 경상도 지역과 서울지역 선거 패배를 가지고 오는 결과를 초래하였다.

2022년 2월 13일 20대 대선 기간 치열한 선거운동이 진행되던 시기에 같은 당 박재호 의원과 골프를 즐기면서 당 차원에서도 경고를 받았다.

독설 근거 없는 망언이 대구의 자존심과 민심을 짓밟았다.

<u>이광재 의원의 정당은?</u>

❀ 185 이규민

출생 1968년 5월 10일

논란 정의기억연대 위안부 피해자 이용 논란 중 윤미향 전 대표가 개인적으로 유용한 사안 중 하나인 안성의 '평화와 치유가 만나는 집'을 이규민이 소개시켜 줬다는 논란이 일었다. 고가 매입과 헐가 매각에 이규민 당선자도 연관이 있다는 의혹이 제기되었다. 안성 소녀상건립 추진위원회 상임대표로 있었던 2017년에는 소녀상 건립 목적으로 모금한 돈을 방송인 김제동의 강연료로 제출했고, 많은 반대에도 불구하고 김제동의 초청을 강행하고 이 와중에 반대한 추진 위원을 퇴출시켰다.

21대 총선 당시 상대 후보인 김학용에 대한 허위사실을 유포해 「공직선거법」 위반 혐의로 기소되어 검찰이 벌금 700만 원을 구형했고, 대법원에서 2심이 확정되어 의원직을 상실하였다.

독설 정의를 팔아 탐욕을 채운 자, 그 끝은 국민의 심판뿐이다.

<u>이규민 의원의 정당은?</u>

❀ **186 이낙연**

출생 1952년 12월 20일

논란 2004년 4.15 총선을 앞두고 유권자에게 신분증명서 등을 발급할 수 없음에도 이를 어긴 혐의로 「공직선거 및 선거부정 방지법」 위반죄를 적용해 벌금 50만 원을 선고받았다.

전라남도지사 시절 「선거법」 위반 혐의로 징역 1년 2개월을 받은 자신의 측근을 정무특보로 임명해 논란이 되었다. 더군다나 「지방공무원법 31조 3항」에 "금고 이상의 형을 선고받고 그 집행이 끝나거나 집행을 받지 아니하기로 확정된 후 5년이 지나지 아니한 사람"에 해당해 정무특보로 임명할 수 없음에도 「전남도 정책자문위원회 운영조례 5조」에 있는 "도지사가 보다 전문전인 자문이 필요하다고 인정할 경우 정책 고문 및 특별보좌관을 위촉할 수 있다"고 명시되어 있는 조항으로 임명한 것이다.

국회 인사청문회 당시 교사인 아내가 강남지역 학교 배정을 위해 위장전입을 시도한 사실이 들통났다. 2020년 1월 24일 서울시 종로구 창신골목시장에 방문하는 과정에서 서울 지하철 1호선을 이용한 이낙연은 동대문역에서 카드 태그를 잘못하여 빠져나가지 못하고 갇히다 주변 사람들의 도움으로 빠져나왔다. 2020년 4월 23일 일주일에 한 번 이상 종로구 전통시장에서 막걸리를 마시겠다고 한 약속을 지키겠다며 자신의 트위터에 창신골목시장의 매운 족발 사진을 인증용으로 올렸는데 해당 사진은 다른 사람의 네이버 블로그 사진이었다.

21대 총선에서 당선된 뒤 서울 종로구 내수동 경희궁의아침 3단지를 전세를 끼고 구입해 논란이 되었다. 배우자와 함께 해당 아파트를 17억 5,000만 원에 매입했는데, 이 중 12억 원이 임대보증금으로 이

의원의 채무로 기록된 것이다. 즉 5억 5,000만 원으로 해당 아파트를 사 갭투자를 한 것이다.

독설 민생을 외치더니 결국 집값 불려 민심 갉아먹었다.

이낙연 의원의 정당은?

❀ 187 이달곤

출생 1953년 9월 11일

논란 행정안전부 장관 인사청문회 과정에 서울대 교수 재직 당시에 소득이 있는 부인과 동시에 배우자공제를 수년간 받은 것으로 드러나 논란이 되었다.

21대 국회의원 선거를 앞두고 주변인들에게 자신이 유리한 여론조사 결과를 문자메시지로 보낸 혐의로 벌금 80만 원 형을 선고받았다. 경남지역구에서 열린 독립만세 운동 기념행사에서 축사로 남긴 발언이 논란이 일었다. 축사에서 "3.1운동 정신을 고양하면서도 대일, 대미, 대중, 대러 관계에서 한 차원 더 높은 진화를 해야 한다."라고 말했다. 그러면서 "국가관계 외교는 거래에 불과한 것"이라며 "국제정세에 잘 적응하는 훌륭한 학생, 시민이 되기를 바란다."라고 말하며 찰스 다윈을 인용하며 "감정으로 대응하는 자는 빨리 멸망한다"면서 "적응하는 종족만이 살아남는다"고 말해 큰 논란을 일으켰다.

독설 강자에게 순응하며 사는 것이 잘 사는 것인가?

이달곤 의원의 정당은?

❈ 188 이동주

출생 1972년 9월 4일

논란 일당제 국가에서 정권을 잡은 수권 정당 외에 다당제의 구색을 맞추기 위해 존재하는 명목상의 정당을 위성정당이라 불린다. 많은 국회의원이 위성정당의 문제점을 이야기하며 더 이상 위성정당이 있어서는 안 된다며 목에 핏줄 세워가며 반대했다. 그 중심에 이동주 역시 있었다.

하지만 이동주는 정작 자신이 위성정당에 합류하며 기존 발언과 반대되는 행보를 보였다.

독설 홍상수 감독 작품, 「지금은 맞고 그때는 틀리다」는 국회의원을 풍자하는 명언이다.

<u>이동주의 위원의 정당은?</u>

❈ 189 이만희

출생 1963년 12월 11일

논란 이태원 참사 당시 온라인상에서 제기되는 아무런 근거 없는 황당한 음모론을 제기하며 피해자 모욕 및 범인 찾기를 해서 크게 논란이 일어났다. 국회 행정안전위원회 회의 중 "민노총에 관계된 2명이 현장에서 사망했다고 하는데 사실이냐"는 질문을 하였다. 그리고 각시탈 복장을 한 두 사람의 사진과 함께 제시하며 그들의 지휘 아래 참사가 이뤄나갔다는 주장을 했다.

국회에서 자신과 다른 의견을 낸 이혜훈 의원에게 '미친년'이라고 말해 큰 논란을 빚었다. 국회 내 말싸움과 고성이 오간다지만 그 정도의 쌍욕을 하는 것에 대해 많은 국민들은 충격을 받았다.

독설 비극 앞에 황당한 망상을 펼치며, 상처에 소금을 뿌렸다.

이만희 의원의 정당은?

✿ 190 이명수

출생 1955년 2월 11일

논란 2005년 재보궐선거 당시 열린우리당에 입당하여 국회의원 선거에 출마하려고 했으나 중앙선관위가 후보 등록을 불허했다. 이명수는 징계위원회에 회부되어 자신이 이미 당적이 정리되었다고 생각하고, 탈당 기자회견만 하고 탈당계는 제출하지 않은 채 열린우리당에 입당한 것이다.

결국 이명수는 그 당시 미래통합당 당적을 갖고 있다는 사실을 후보 등록 당일 언론에 보고가 되어서야 알게 되었고, 결국 후보도 등록되지 못한 채 어부지리로 다른 후보가 당선되었다. 이명수의 이중당적 사건은 이후 한국 정당들과 중앙선관위에 반면교사가 된 사건이 되었다.

독설 자신의 당적도 제대로 모르는 사람이 나라를 책임진다? 이러니 개콘이 폐지된 것이다.

이명수 의원의 정당은?

191 이병훈

출생 1957년 4월 17일

논란 2019년 10월 29일 아시아문화원의 콘텐츠 사업을 총괄하는 최정봉 본부장의 페이스북 글을 통해 현 정치인이 넣은 청탁을, 그것도 내용 증명도 되지 않고 공개적인 검증을 거치지 않는 프로그램을 문화원의 예산을 투여해 사업을 집행했다는 사실이 드러났다.

이런 청탁을 한 것에 대해 이기표 원장은 청탁을 인정했지만, 사업을 추진해 버렸다. 그리고 최정봉은 항의성 사표를 제출하고 격렬하게 반발했지만, 사표를 빠르게 수리를 하였다. 21대 총선 준비 과정에서 선거대책본부장이 "지방의원들을 모아놓고 공공연하게 지지율 낮은 것에 대해 여성 의원들에게 욕설을 서슴지 않았다"며 광주 동구의회 의장이 이병훈 당시 예비후보의 사퇴를 촉구하는 기자회견을 하였다.

2020년 4월 17일 광주시와 8명의 당선인 간 정책간담회 겸 상견례 자리에서 "이런 서류 읽어봤자 들어오지도 않는다. 광주형 일자리에 대해서만 간결하게 해달라"고 발언하여 주변을 아연실색하게 만들었다.

2021년 2월 5일 대정부질문에서 홍남기 경제부총리에게 "행정고시 29회죠? 전 24회인데."라며 압박성 질의를 하였다. 2021년 6월 10일 광주 동구 학동 철거건물 붕괴사건 현장에서 웃는 얼굴을 보이고, 과잉 의전에 불법주차 심지어 막말까지 오가 큰 비판을 받았다.

3.1절 103주년 되는 해. 유관순 열사를 미친년이라고 지칭한 시를 올려 구설수에 올랐다. 이 시를 쓴 정호승 시인조차 죄송하다고 이야기할 정도로 논란이 된 시를 굳이 올려 큰 논란이 일었다.

독설 기수를 따지는 꼰대가 정치인이 되면 이렇게 된다.

이병훈 의원의 정당은?

❀ 192 이상민

출생 1958년 1월 22일

논란 2004년 5월 28일 대전광역시 유성구 장대동에서 음주운전 중 경찰에 의해 적발되었고, 혈중알콜농도 0.1%를 넘어 면허가 취소되고 벌금형이 선고되었다.

2018년 11월 19일 국회 과학기술방송정보통신위원회 소속 이상민 의원은 「기술사법」 개정안을 대표 발의했다.

소프트웨어 개발 업계의 현실도 모른 채 기술사 자격증이 없으면 소프트웨어를 제작하지 못하게 하는 악법을 발의했다가 IT업계 종사자들의 큰 반발로 인하여 결국 철회되었다. 「기술사법」 발의를 한 이유가 혹시 기술사 협의로부터 로비 받아서이냐는 비아냥까지 듣는 상황까지 벌어졌다.

독설 국회의원 자격증이 있다면 당신은 자격증을 받았을까?

이상민 의원의 정당은?

193 이상직

출생 1963년 1월 30일

논란 19대 국회의원 선거 과정 중 중학교 동창 등과 공모해 21011년부터 이듬해 3월 12일까지 지인 명단 작성과 수집, 전화 착신 전환 등의 경선운동을 한 혐의와 실질적 운영하는 이스타 항공사의 직원들에게 지인 명단 작성, 선거사무소 자원봉사자 관리 등을 시킨 혐의가 유죄로 인정되어 벌금 80만 원 그리고 2심에는 벌금 300만 원을 받았다. 그런데 대법원에서 당내 경선에서의 당선을 위한 행위는 선거운동을 볼 수 없다며 무죄 취지로 사건이 파기환송되었다.

이스타항공의 실사업주인데도 이를 숨기고 경영 악화 등의 책임을 회피해 논란이 일었다. 실제로 이스타항공은 경영 악화 속에 임금 체불 논란이 일어났다. 대주주로 있는 이스타홀딩스의 최대주주인 이상직의 두 자녀에게 사재를 출연해서라도 임금을 지급하라고 요구했지만, 오히려 직원들에게 체불된 임금을 포기하라는 동의서를 작성할 것을 요청해 논란이 일어났다.

거기에 이상직의 자녀들이 2015년 10월 이스타항공의 최대주주가 되는 과정에서 사실상 페이퍼컴퍼니를 만들었는데, 그 회사 설립의 출처가 불투명해 논란이 일었다. 이 밖에 이상직의 딸은 페이퍼컴퍼니의 본사로 등록되어 있는 고급 오피스텔에 거주하며 포르쉐를 타고 다녔다. 이후 딸의 포르쉐는 안전을 위해서라고 변명까지 하여 국민들의 분노를 일으켰다.

결국 2022년 1월 12일 전주지법은 "피고인은 이스타항공과 계열사를 실질적으로 지배하고 기업을 사유화했는데도, 범행을 부인하고 책임을 부하 직원들에게 떠넘기고 있다."라고 지적하고 횡령 배임 혐의에 징역 6년을 선고하고 법정 구속했다.

독설 범죄인에게 국회의원의 날개를 달아줬구나!

이상직 의원의 정당은?

❀ 194) 이상헌

출생 1954년 7월 10일

논란 2023년 6월 12일, 이상헌이 2018년 지방선거 당시 울산 북구의회 비례대표 의원 공천 대가로 A 씨로부터 수천만 원을 받은 혐의로 경찰 조사를 받은 것으로 알려졌다. 당연히 이상헌은 금품을 받은 사실이 없다며 혐의를 부인했지만, A 씨 계좌 내역 등을 통해 이상헌에게 금품이 전달된 상황을 상당 부분 확인했다. 2023년 12월 27일 울산지검은 「정치자금법」 위반 및 「청탁금지법」 위반 혐의로 이상헌을 불구속 기소하였다. 이에 이상헌은 "2018년 당시 저 또한 후보자에 불과해 누구에게 비례대표 공천을 줄 위치에 있지 않았고, 권한도 없었다"고 주장했다.

독설 책임은 없고, 돈은 받았고, 해명을 믿을 수 없는 전형적인 정치인의 자질을 갖췄다!

이상헌 의원의 정당은?

❀ **195 이성만**

출생 1961년 11월 4일

논란 2021년 4월 전당대회 돈 봉투 수수 의혹으로 기소되었다. 수수 의혹으로 당을 탈당한 이성만은 여성당원 행사 뒤풀이 자리에 참석하여 참석자들과 술을 마시고 무대에서 노래도 부르는 추태를 부려 많은 이들이 위장 탈당을 했냐며 눈살을 찌푸리게 만들었다. 그리고 22대 국회의원 선거 때 다시 복당을 신청했으나 불구속 기소된 상황이라 거부당했다. 결국 이성만은 징역 6월에 집행유예 2년과 「정당법」 위반 혐의로 징역 3월에 집행유예 2년, 추징금 300만 원을 선고받았다.

독설 위장 탈당으로 국민을 속이고, 무대에서 노래로 자신을 위로한 당신은 진정한 희대의 배우다!

<u>이성만 의원의 정당은?</u>

❀ **196) 이소영**

출생 1985년 3월 30일

논란 정우성 혼외자 논란으로 전국이 들썩일 때 자신의 SNS에 "누군가와 함께 산다는 결심은 굉장히 실존적인 결정이다. 함께 아이를 낳았다고 해서 상대방과의 관계를 불문하고 혼인을 해야 하고, 동거의무와 부양의무를 지며 부부로 살아야 한다니 왠지 숨이 막혀 온다"고 정우성 선택을 지지하였다. 그런데 문제는 대중들이 정우성을 비난하는 것은 그동안 방송 나와서 본인에 했던 발언과 소신에 반대되는 행동에 대한 도덕적 책임을 말하니 비난하는 선데 뜬금없이 아이를 낳

있기에 결혼을 해야 된다는 논리를 내세워 논점 흐리기를 한 것이다.

독설 정우성 팬클럽 회장이 아니라 당신은 국회의원이다.

이소영 의원의 정당은?

❀ 197) 이수진

출생 1969년 11월 3일

논란 이수진 전 부장판사는 당의 영입 인재로 소개된 자리에서 자신이 사법부 블랙리스트 피해자라고 주장했지만, 그에 대한 증거는 없었다. 되려 좌천의 이유는 양승태 사법농단에 반대해서가 아니라 재판연구관 시절 떨어지는 업무능력으로 인해 좌천되었다는 동료 및 상사들의 진술이 나왔다. 2020년 6월 3일 서울중앙지법에서 열린 사법농단 공판에서 김연학 부장판사는 2월 22일부터 12월 22일까지 보고서 작성 6건으로 평균에 못 미치고, 업무에 투입하는 시간과 노력도 다른 직원들에 비해 떨어진다는 평가가 담긴 2016년 평정표를 제시했다.

그리고 이에 대해 이수진 의원은 김연학 판사에 대해 "법관 탄핵 검토 1순위자 중 한 명"이라는 말을 하여 법관 탄핵을 사적 복수의 수단으로 여긴다며 전국민적 분노를 일으키게 만들었다.

2021년 1월 31일 임성근 부장판사 탄핵을 촉구하며 "법관 탄핵하면 판결이 더욱 신중해질 것이다."라고 말해 논란을 일으켰다. 김학의 불법 출국 금지 의혹과 관련해 이성윤 당시 서울중앙지검장이 기소되자 무죄 추정의 원칙을 들며 이성윤을 옹호했다. 반대로 윤석열 당시 검찰총장을 의혹만으로 직무 정지시킨 것에 대해서는 입장이 반대였다.

2022년 9월 5일 국회 예결위에서 한동훈 법무부 장관에게 최근 일어난 2차 n번방 성 착취물 제작 및 유포 사건에 관해 질의하였다. 그런데 문제는 전혀 준비가 되지 않은 채 한동훈 당시 법무부 장관을 몰아붙이는 식의 발언과 전혀 사실과 맞지 않는 말을 하며 짜증 섞인 질문을 하는 태도였다. 그런 모습을 본 국민들에게 국회에 술 먹고 온 거냐는 비아냥을 들어야 되었다.

독설 당신이 아직도 판사였다면 첫 판사 탄핵이 되지 않았을까?

이수진 의원의 정당은?

❀ 198 이수진(비례)

출생 1969년 5월 14일

논란 2020년 9월 17일에 열린 대정부질문 때 의대생의 국시 거부 사건에 대해 의사단체는 대국민 사과와 함께 스스로 이번 기회에 자신들이 공공재임을 생각해 보게 해야 한다는 논란의 말을 하였다. 근로기간이 1년 이상이어야 근로자가 퇴직금을 받을 수 있지만 그 기준을 1개월로 하는 「근로자퇴직급여 보장법」을 대표 발의했다. 즉 한 달만 알바 하다 그만둬도 퇴직금을 줘야 한다는 것이다.

라임 사태 주범 김봉현 전 스타모빌리티 회장이 도주 중 측근에 전화를 걸어 "정치인 비리에 대해 언론에 폭로하라"고 지시했고, 이 과정에서 이수진 의원 등에게 필리핀 폰타나 리조트 여행 등을 제공했다는 언급이 나왔다.

독설 일도 제대로 안 하는 국회의원 세비나 깎는 법안이나 발의하길~.

이수진 비례의원의 정당은?

❈ 199 이양수

출생 1967년 8월 15일

논란 윤석열 대통령과 이재명 대표 간 영수회담 성사 과정에 함성득 경기대학교 정치전문대학원장과 임혁백 고려대학교 명예교수 등 비선을 통했다는 이야기에 대해서 이양수는 엄청난 역할이 아닌 그냥 윤활유 정도 역할만 했을 뿐이라며 비선실세 의혹을 일축했다.

김건희 일가 양평 고속도로 특혜 의혹에 관련되어 "노선이 변경됐다고 자꾸 얘기하는데, 변경된 것이 아니고 두 개 노선을 양평군에서 올렸는데 어느 쪽으로 해야 될지 정하는 과정"이라고 두둔해 논란이 일었다.

독설 국회의원이 아니라 윤석열 정권 비리 변호사인가?

이양수 의원의 정당은?

❈ 200 이용빈

출생 1964년 12월 15일

논란 코로나 백신 접종에 대한 불안이 이어지고 있는 상황에서 "소화제를 먹어도 약 부작용 때문에 사망에 이르기도 한다"고 말해 큰 논란을 일으켰다. 논란이 이어지는 과정에 백신 불안으로 끌고 가는 것은 위험한 언론 태도라고 언론 탓을 해 빈축을 샀다.

전당대회 돈 봉투 의혹 사건 관련되어 수수 의혹 논란인 1인 중 한 명이다.

독설 의사 출신이 백신 부작용으로 돌아가신 분에게 할 수 있는 최선의 말이 그거란 말인가?

<u>이용빈 의원의 정당은?</u>

❀ 201 이용선

출생 1958년 2월 12일

논란 2001년 7월 11일 음주운전으로 벌금 100만 원, 2004년 9월 21일 음주운전으로 벌금 150만 원을 선고받았다. 개나 고양이 같은 반려동물이 질병, 사고, 노령 등으로 인해 돌봄이 필요한 경우 연간 최장 5일의 법적 휴가를 보장하는 내용의 법안을 대표 발의했다. 그는 법안을 발의하며 "반려동물에게 질병, 사고, 노령 등의 사유가 발생한 경우 이를 돌보기 위한 가족 돌봄 휴가에 준하는 휴가를 연간 최장 5일간 인정함으로써, 반려 가족의 지위를 가지는 반려동물의 현 상황을 반영하고 근로자의 휴가권을 보장하고자 한다"고 밝혔다. 많은 사람의 비아냥을 들으며 법안을 철회했다.

독설 폐지 주우며 사는 어르신들은 휴가가 없다.

<u>이용선 의원의 정당은?</u>

202 이용우

출생 1964년 2월 1일

논란 2020년 1월 12일 당에 7호 영입 인재로 국회에 입성하였다. 카카오뱅크가 문재인 정부의 인터넷 전문은행 은산분리 완화로 일부 혜택을 본 것으로 알려져 논란이 일었다. 이후 입당으로 카카오뱅크 스톡옵션 52만 주를 포기하여 논란이 일단락되었다.

2020년 8월 25일 국무회의에서 의결된 「상법」 개정안, 「공정거래법」 개정안, 「금융그룹 감독법」 제정안으로서 요약해 일명 공정경제 3법이라고 말한다. 최대 주주 의결권 제한이 합산 3%에서 개별 3%로 완화와 「공정거래법」상 가격 단합, 입찰 단합 등에 대한 전속 고발제가 유지되는 법안에 카카오뱅크 공동 대표로 재직했던 경력으로서 적극적인 목소리를 냈다.

하지만 그로 인해 특정 기업이나 금융 IT분야의 이해를 대변할 가능성이 있다는 비판이 일었다. 그리고 공정경제 3법이 시행되는 시기가 하필이면 코로나 때문에 경제비상 시국인지라 더더욱 비판이 거세게 일었다.

독설 기업 대표보다 역시 신의 직장 국회의원이 좋지?

<u>이용우 의원의 정당은?</u>

❀ 203 이용호

출생 1960년 3월 20일

논란 TV 드라마 『펜트하우스 2』에서 봉태규가 연기한 이규진 국회의원 역이 신랄한 풍자의 수준을 지나 조롱의 한계를 넘어섰다고 주장하며 시정을 요구하는 공개 서한을 보냈다.

  2023년 전북 새만금에서 열린 제25회 세계스카우트잼버리 도중 갑작스러운 폭염과 그에 대한 대처 부실로 발생한 여러 가지 문제들로 인해 2023년 8월 6일로 예정되어 있던 K-POP 콘서트가 일정이 변경되었는데, 전북특별자치도에서 전북 현대구단과의 협의 없이 전주월드컵경기장에서 개최한다는 발표를 당일에 해 큰 논란이 있었다. 그런데 그런 논란에 대해 본인의 페이스북에 "잼버리대회 성공을 위해 온 국민이 나서서 혼신의 힘을 다하고 있는 상황에서 개최 지역 주민은 어쩌면 안방이라도 내줘야 할 상황이다. 그럼에도 일부 축구 팬들이 이런 거부 반응을 보였다는 소식에, 전북 정치인으로서 부끄럽고 실망스럽다."라고 전북 현대 팬들을 이기적 집단으로 몰아가 큰 논란을 일으켰다.

독설 현실 정치인의 민낯이 TV 드라마보다 더더욱 마라 맛이다.

이용호 의원의 정당은?

❀ 204 이원욱

출생 1962년 11월 7일

논란 2018년 11월 30일 "한국은 그동안 전기를 전 세계에서 가장 싸게 공급했기 때문에 원자력 발전과 석탄화력 발전을 확대할 수밖에 없었다."라고 말하며 전기요금을 인상할 때가 되었다고 말했다. 그런데 문제는 문재인 정부는 탈원전을 해도 전기료 인상은 없을 것이라 공언했다. 2018년 12월 4일 시민단체에 보고에 따르면 영수증 이중 제출로 국민세금을 뺀 국회의원 명단이 이원욱이 포함되어 큰 논란이 일었다.

2020년 8월 16일 "임명받은 권력(윤석열)이 선출 권력(문재인)을 이기려고 한다. 개가 주인을 무는 꼴"이라는 망언을 하였다. 2020년 8월에는 법원이 광화문 집회를 허용해 서울에서 코로나가 재확산되었다며 해당 판사의 실명을 거론하며 판새라고 비난했고, 판사의 판결권을 제한하겠다는 말을 해 큰 논란을 빚었다.

2020년 10월 23일 국정감사장에서 여지없이 여야 대치가 일어났고, 박성중 의원과 반말로 받아치며 논쟁을 일으켰다. 이스타 항공 채용 관련하여 채용 청탁 의혹이 있었다.

2023년 5월 24일 강성당원들의 문자 테러 공격을 받았다고 그 내용을 보냈는데 그 사람은 당의 지지자도 아닌 말 그대로 본인을 반대하는 일반인이었다.

독설 개가 주인을 무는 꼴? 국민이 주인인 나라에서 스스로 주인인 척하는 당신은 누구인가?

이원욱 의원의 정당은?

❀ 205 이원택

출생 1969년 2월 5일

논란 잼버리 준비 부족을 지적해 국민에게 찬사를 받았던 이원택은 전북특별자치도 대외협력국장 재직 시절 다녀온 잼버리 관련 해외출장으로 '외유성 출장' 의혹을 받았다. 『문화일보』가 국외출장 연수정보시스템에 올라온 보고서를 분석한 결과, 이원택은 당시 해외출장을 13개국, 8차례 다녀온 것으로 나타났다.

2017년 3월 6일부터 23일 아프리카 3개국 출장, 2017년 7월 6일부터 16일까지 남아프리카 3개국 출장, 2017년 8월 10일부터 18일 아제르바이잔 출장 등은 비공개로 일정을 공개하지 않았다. 이에 대해 이원택은 보안상의 이유로 비공개한 것이라며, 유치를 위한 정상적인 출장을 외유성 출장으로 왜곡하는 형태는 대단히 유감스럽다며 엄중히 대처하겠다고 밝혔다.

독설 세금으로 해외출장 다녀온 뒤, 이를 '정상적 출장'이라 우기는 정치인의 상식 밖 방어전.

이원택 의원의 정당은? _____

❀ 206 이영

출생 1969년 6월 6일

논란 2021년 10월 18일 경기도 국정감사장에서 대장동 개발 특혜 의혹과 관련해 "계속 돈을 받은 자가 범인이라고 하는 데 몇천만 원 잔돈 받은 사람, 몇십억짜리 푼돈 받은 사람은 저는 범인이라고 생각하지 않는다"는 망언을 하였다.

이영은 디지털 저작권 관리 업체 ㈜테르텐의 창업자로서 도쿄서적 등에 기술을 수출한 공로를 인정받아 2009년 국무총리 표창을 받았다. 그런데 도쿄서적은 일본 교과서 시장을 50% 이상 점유한 가장 큰 출판업체로, 독도를 일본의 고유 영토로 기술하고 위안부 동원의 강제성을 감추는 등 대표적 역사 왜곡 교과서 제작업체다.

자신이 설립한 벤처캐피털의 주식 처분을 둘러싼 논란이 일어났다. 사실상 개점휴업 상태였던 와이얼라인언스인베의 주식을 2대 주주에게 전량 넘긴 것은 물론, 주식을 처분한 지 한 달여 만에 회사가 청산을 결정했기 때문이다. 최대주주가 법인 해산 직전 주식을 처분한 건 사실상 2대 주주에게 모든 책임을 떠안긴 것 아니냐는 의혹이 제기되었다.

어머니 집에 들어가 살면서 4억의 전세계약을 체결했다. 업계에서는 이례적 세금 회피가 의심되는 정황이라 평가했다. 2020년 연말정산 부당공제로 뒤늦게 국세청에 370여만 원의 세금을 추가로 납부했다.

2023년 12월 10일 본인의 소셜미디어에 "서초 을에 갈지 분당 을에 갈지 또 다른 을을 갈지 모르겠지만 퇴임 후 본격적으로 시작하려 한다"고 하여 국민들의 따가운 눈총을 받았다.

독설 퇴임 후 본격적으로 시작하겠다며 국민들을 또 한 번 웃게 만든 당신! 국회가 아닌 개그맨 콘테스트에 나가시길!

이영 의원의 정당은?

❀ 207 이용

출생 1978년 6월 23일

논란 김건희 여사가 리투아니아 명품숍 방문 논란이 일었을 때 문화탐방 하나의 외교 행보라는 식으로 두둔해 많은 논란을 빚었다. 이용 의원은 "여사께서 K콘텐츠나 K관광 또는 미술을 전공했다. 그렇기 때문에 거기를 왜 가냐, 물건을 샀냐 그렇게 보는 것보다는 하나의 외교로서 보면 우리가 적절하지 않을까?"라고 말했다.

독설 국민들은 명품숍 가서 명품 옷 기울이는 영부인이 아닌 복지 사각지대에 놓인 국민을 방문하고 위로하는 그런 영부인을 원한다.

이용 의원의 정당은?

❀ 208 이은주

출생 1969년 9월 2일

논란 21대 총선이 한창이던 2019년 9월부터 2020년 3월까지 선거운동이 금지된 23시부터 08시 사이에 전화로 선거운동을 한 혐의, 서울교통공사 노조원 77명에게서 정치자금 312만 원을 위법하게 기부받은 혐의, 추진단원들에게 37만여 원의 식사를 제공한 혐의로 1심 판결에서 징역 10개월, 집행유예 2년 형을 선고받으며 당선무효 판결을 받았다. 그리고 2심 판결에서도 징역 8개월, 집행유예 2년을 선고받으며 당선무효 판결을 받았다.

 그리고 결론적으로 이은주는 국회에 사직서를 내게 된다. 그 이유는 본인의 당이 자신으로 인해 의석을 잃게 되면 22대 총선 때 불이익 작용이 될 것이기 때문이다.

독설 국민의 의석을 훼손한 책임을 지지 않고, 당의 이익만 생각하는 정치인의 무책임!

이은주 의원의 정당은?

❀ 209 이인영

출생 1964년 6월 28일

논란 마이크가 꺼진 줄 알고 김수현 청와대 정책실장과 나눈 대화가 큰 논란이 일어났다. "진짜 저도 2주년이 아니고 마치 4주년 같아요. 정부가", "단적으로 김현미 장관 그 한 달 없는 사이에 자기들끼리 이상한 짓을 많이 한다", "잠깐 틈을 주면 엉뚱한 짓들을 한다."라고 관료들을 무시하고 책임 전가하는 듯한 발언을 해 크게 논란을 빚었다.

2020년 4월 13일 21대 총선에서 서울 광진 을 고민정 후보 지원 유세에 나서 "고 후보를 당선시켜 주시면 저와 민주당은 100% 국민 모두에게 긴급재난지원금을 드리기 위해 전력을 다하겠다."라고 발언해 논란이 일었는데, 같은 날 다른 후보자 지원 유세에 나서도 같은 발언을 해 긴급재난지원금을 후보자 당선을 두고 국민과 거래하는 거냐며 거센 비판을 받았다.

통일부 장관 인사청문회 때 이인영 아들 관련되어 스위스 유학자금 출처에 대해 자료 제출을 거부하였다. 그리고 이인영 아들은 2014년에 첫 병역 면제 판정을 받기에 앞서 2013년 '부정교합' 치료를 사유로 한 차례 검사 연기를 받았다. 그리고 6개월 후 첫 검사 때는 제시하지 않았던 '척추관절병증'으로 5급 면제 판정을 받았다.

통일부 장관 재직 당시 남북연락사무소가 북한에 의해 폭파되었을 때 이 원인에 대해서 대북전단 단체들의 탓이 크다며 북한에 배상책임을 물을 수 없다는 믿을 수 없는 말을 했다. 더군다나 북한의 백두산 물, 대동강 술과 한국의 쌀, 약품 등을 교환하자는 물물교환을 하자는 허무맹랑한 제안을 해 빈축을 샀다. 코로나 백신 자체가 국내에 부족한 상황에도 "코로나 백신 치료제 부족해도 북한과 나눠야 해."라는 말을 했고, 북한은 되려 안 받겠다고 말해 비판과 함께 조롱까지 받아야 되었다.

연평도 포격전 10주년인 2020년 11월 현대차, SK, LG, 삼성 등 4대 그룹 인사들과 만나 남북관계 발전을 위한 기업의 역할을 당부하여, 연평도 포격 10주기에 걸맞지 않은 망언을 했다는 비판을 받았다.

독설 북한에 숨겨둔 딸(?)을 둔 대한민국 정치인 아빠!

<u>이인영 의원의 정당은?</u>

❀ 210 이장섭

출생 1963년 5월 14일

논란 2021년 3월 24일 코로나로 전 국민이 사회적 거리 두기를 하고 있을 때 노영민 전 대통령비서실장과 이장섭 의원이 포함된 일행들이 카페에서 모임을 해 큰 논란을 빚었다. 이 당시 수도권 2단계 사회적 거리 두기 방역수칙에 따르면 5인 이상 사적 모임 금지, 출입 시 증상여부 확인 및 명부를 기록해야 한다. 그러나 이들은 카페 직원의 여러 차례 권고에도 QR코드 본인 확인도, 방명록 작성도 하지 않고 마스크도 착용하지 않았던 것으로 드러났다.

독설 국민에게는 방역의 주체가 되어야 한다고 앞에서 큰 소리. 하지만 정작 본인은 '나는 문제 없어.'라는 권위의식. 그 권위의식 속 국민이 주인이라고 생각할까?

이장섭 의원의 정당은?

❀ 211 이정문

출생 1973년 1월 5일

논란 '21대 일하는 국회'를 위한 법안들을 발의해 주목받았다. 2020년 6월 1일 대표 발의한 「국회의원수당 등에 관한 법률」, 법사위의 체계, 자구 심사권을 폐지하는 등의 「국회법」 개정안, 「국회의원의 국민 소환에 관한 법률안」이다.

초선의원으로서 꽤나 진취적인 생각으로 화제를 일으켰으나 정작 21대 국회는 일하지 않는 국회가 되어 국민의 절망감을 증폭시켰다.

독설 지키지도 못할 법안은 왜 발의했나?

이정문 의원의 정당은?

❀ 212 이재정

출생 1974년 8월 2일

논란 2019년 1월 11일 '대변인들의 수다' 방송에 출연해 문재인 대통령을 다소 난처하게 만든 질문을 한 김예령 경기방송 기자에 대해 "기자들 사이에서 대통령 앞에서 질문할 수 있는 기회를 얻는 것은 치열하다. 그 귀한 기회를 그런 식으로 허비했다"며 "싸가지 문제보다 실력 부족의 문제다."라고 강한 비난을 해서 빈축을 받았다.

2019년 10월 8일 행정안전위원회 국정감사가 진행되던 중 권은희 의원 질의 중 조국 전 민정수석이라는 호칭 때문에 말다툼이 이는 가운데 이재정은 상대 의원에게 "의원 자격이 없는 사람에게는 의원이라고 안 불러도 되는 것 아니냐. 박근혜 대통령 탄핵되었을 때 이미 탄핵됐어야 했을 의원이 한두 명이 아녜요."라고 발언을 해 거의 아수라장이 되었다.

2020년 3월 9일 코로나 관련되어 많은 사상자가 전국적으로 나오는 상황에 대한 비판이 나오자 이재정은 "메르스의 경우에는 260명이 사망하였다"고 말했지만 그 이야기는 전혀 거짓이었다. 하지만 방송에서는 본인의 잘못된 정보에 대한 수정 요구에 응하지 않았다.

추미애 아들 관련 군 특혜 청탁 의혹과 관련해 이재정은 YTN과의 인터뷰에서 추미애를 옹호하며 병가 처리 문제는 문제가 없다고 하였다. 이후 『한겨레 신문』은 추미애 아들 의혹을 옹호하는 의원들을 비판하는 기사 중 이재정의 라디오 방송 발언을 실었다. 그러자 이재정은 자신의 페이스북의 기자 실명을 태그로 못 박아두며 기자를 공격하도록 하였다.

독설 잘못된 정보를 고집하고, 수정 요구도 무시하는 당신. 당신이 정치인이라 국민은 불행하다.

이재정 의원의 정당은?

❀ 213 이종배

출생 1957년 5월 30일

논란 이종배 국회의원 지역구 사무실 건물 옥상에 대형 홍보 간판이 수년간 불법으로 설치돼 논란을 낳았다. 특히 단속기관인 충주시는 현황조차 파악하지 못하는 데다, 행정 관리 소홀과 특권층에 대한 또 다른 봐주기 의혹의 눈길을 받고 있다.

실제로 전직 충주시장이었던 이종배 국회의원 사무실은 자신이 입주한 건물 옥상에 가로세로 5m가량의 대형 홍보 간판과 가로 6m, 세로 5m가량의 대형 현수막을 설치했다.

한동훈에게 대권 주자가 되기 위해서는 대통령과 대립각을 세우는 것은 위험하다는 논리로 조언했다.

독설 대권을 위해서라면 대통령이 미친 짓 해도 대립하지 않는 것이 정상인가?

<u>이종배 의원의 정당은?</u>

❀ 214 이종성

출생 1970년 2월 17일

논란 소아마비가 있는 지체장애인으로 한국지체장애인협회 사무총장을 역임했다가 2020년 1월 영입되어 비례대표 4번으로 출마하여 당선되었다.

2024년 4월 10일 총선용 비례대표 위성정당에 파견되기 위해 제명당했다 다시 위성정당에 입당했다.

2023년 11월 23일 국회 보건복지위원회 전체회의에서 이종성은 "아무 자격도 없는 사람들이 동료 상담이랍시고 장애인들 데리고 가서 포장마차에서 소주 마시면서 하는 동료 상담, 어느 국민이 인정할 수 있겠습니까?"라고 발언해 전국의 장애인 동료 상담가 135인으로부터 국가인권위원회 집단 진정을 당했다.

독설 설령 그런 경우가 있더라도 소명의식 가지고 일하는 장애인 동료 상담가에게는 모욕이 아닐까?

이종성 의원의 정당은?

✺ 215 이주환

출생 1967년 8월 20일

논란 2007년 10월 1일 음주운전으로 벌금 100만 원을 선고받았다. 국회 공보에 발표된 제21대 국회의원 재산등록 변경 상황을 보면 이주환은 유가증권을 제외하고 36억 8,363만 원을 신고했다. 이는 총선 때 선거 공보물에서 밝힌 26억 2,000만 원보다 10억 6,000만 원이 증가한 것이다. 이에 이주환 측 관계자는 재산 신고 경험이 없는 실무자가 하던 중 누락을 한 것이라고 해명했다.

이주환 일가는 송정해수욕장 근처 약 3,600여 평을 1998년과 2000년에 매입하였다. 송정해수욕장을 순환하는 3km 정도의 순환도로 건설은 50여 년 전부터 추진되었는데, 이주환 일가 땅에 10년째 200m 정도의 도로를 놓지 못해 잇지를 못하고 순환도로가 아닌 막다른 골목이 되어버렸다. 결국 순환도로 건설 건은 폐지되었고, 2021년 3월이면 아파트를 지을 수 있도록 규제가 풀렸다. 부동산 투기를 막기 위해 주거지역이라도 논밭엔 농사를 짓도록 「농지법」은 규정하고 있으나, 이 의원 일가는 농사를 짓지 않고 땅 대부분을 방치했다. 10여 년 전부터는 일부 땅에선 용도와 맞지 않는 사설 주차장 영업까지 했다고 한다. 그리고 그사이 주변엔 관광열차가 운행을 시작했고, 해안 산책로가 생겼다. 결국 인근 땅 시세는 구매 당시보다 10배 넘게 뛰었다.

독설 법을 만드는 자리에 앉기 전에, 먼저 법을 지키는 인간이 됩시다.

이주환 의원의 정당은?

❀ 216 이철규

출생 1957년 9월 20일

논란 2020년 12월 11일 「국정원법」 개정안 필리버스터에서 "여성들은 대통령이 잘생겨서 지지했다", "대한민국은 아녀자들이 밤거리를 걸을 수 있는 우수한 치한의 나라." 등의 발언을 해 여성혐오 논란이 일었다. 2023년 하반기 서울 강서구청장 보궐선거에서 참패 후 본인은 민심을 겸허히 받들어 책임지고 사무총장 자리에서 사퇴했지만, 정작 이와 반대로 2023년 11월 2일에 인재영입위원장으로 임명되어 논란을 일으켰다. 22대 총선 참패 이후에도 원내대표 출마를 해 많은 이들의 지탄을 받고 결국 원내대표 후보 등록을 하지 않았다.

명품백을 수수한 김건희를 오히려 피해자라고 감싸 돌았고, 윤석열 계엄령조차 두둔하고 있다.

독설 윤석열, 김건희만 바라보고 있으니 국민들이 당신을 외면하는 것이다.

이철규 의원의 정당은?

❀ 217 이태규

출생 1964년 3월 22일

논란 육군사관학교 내 홍범도 장군 흉상 이전으로 논란이 이는 가운데, 강원지역 일선 학교에 이태규 의원은 공문을 보냈다. 긴급으로 찍힌 공문에는 학교에 설치된 동상과 인물 벽화의 설치 현황으로 빠르게 조사해 제출해 달라는 내용이었다.

학교에서는 즉각 반발이 이어졌다. 정치권 논란을 교육 현장으로까지 끌고 오려는 것이냐는 목소리가 나왔고, 실제로 개학 초 바쁜 학사 일정에 업무를 가중하는 불필요한 행정이라는 비판이 이어졌다. 결국 이태규는 공문에 요구한 내용을 하루 만에 철회하였다.

독설 긴급으로 챙겨야 하는 것은 너희들끼리의 이념전쟁이 아니라 국민들의 삶이다.

<u>이태규 의원의 정당은?</u>

❀ 218 이채익

출생 1955년 5월 27일

논란 21대 총선 공식 선거기간이 아닌 3월에 지지자 100여 명을 모아놓고 상대 예비후보를 김일성, 김정일 부자에 빗대어 비난한 일이 있었다. 상대 예비후보 최건이 허위사실 유포 및 「공직선거법」 위반으로 고발했다. 허위사실 유포는 무죄로 판단했지만 선거 방법 위반은 유죄로 판단되어 70만 원 벌금이 선고되어 당선무효형은 피하게 되었다.

이채익은 성추행 피해 공군 부사관 사망사건 피해자를 공개해 큰 비판을 받았다. 유가속 농의 없이 피해자의 피해 사실과 개인정보까지 언론에 제공했으며, 가해자의 행위를 매우 구체적으로 적시했다. 이 과정에서 피해자의 남편의 출신 학교, 임관 일시, 직무도 공개되었다. 그로 인해 피해자들은 더 큰 상처를 입게 되었다.

2023년 6월 1일 이채익 의원이 "우크라이나는 우리가 신세 질 게 아무것도 없는 나라"라는 발언을 반박하는 과정에서 '우크라이나는 6.25 참전국가'라고 주장했다.

하지만 실제로는 우크라이나는 참전 국가가 아니라 되려 6.25 당시 소련으로 침략국이었다. 추후 착각했다고 인정했지만 제대로 된 공부 없이 주장을 펼쳐 큰 논란이 일었다.

독설 당선무효형. 최대한 당선무효형만 안 받고자 하는 법정싸움. 당신들에게 가장 큰 벌이라는 것이 국민 입장에서는 화가 날 따름이다.

<u>이채익 의원의 정당은?</u>

❀ 219 이탄희

출생 1978년 11월 3일

논란 2019년 10월 그 당시 이탄희 변호사가 조국 법무검찰개혁위원회에 참여하고 결국 총선에 출마했다. 이에 대해 진중권 교수는 "정권 애완견"이라고 부르며 공익 제보와 의원 자리를 엿 바꿨다는 비판을 하였다. 그리고 많은 이들이 법복정치인이라고 부르며 조롱했다.

전·현직 판사들 역시 이탄희의 폭로가 결과적으로 정계 입문을 위한 시도였다는 비판을 피하기 어렵게 되었다며 개탄하였다.

독설 당신의 최종 목표는 정의로운 법관이었나? 아니면 국회의원이었는가?

<u>이탄희 위원의 정당은?</u>

❈ 220 이학영

출생 1952년 4월 16일

논란 1978년 12월부터 강남 일대 부유층들의 집에 잇달아 강도가 드는 사건이 발생했다. 경찰이 이들을 잡으려고 애썼지만 잡지 못하고 1979년 4월 27일 이 강도들은 동아그룹 최원석 회장의 자택으로 쳐들어가 최 회장의 일가를 흉기로 협박해 현금과 패물 등을 훔쳐 달아났다. 이 당시의 가담자였던 이학영은 이 사건으로 5년형을 선고받고 수감되었고, 그 이후 민주화 유공자(?)로 선정되어 현재 국회의원을 하고 있다. 실제 이 사건으로 집 경비원 K씨는 옆구리를 과도로 찔러 중태에 빠졌다.

이개호 의원이 국회의원으로는 처음 코로나 19 확진 판정을 받아 사과까지 한 상황에서 이학영 의원이 방역수칙을 위반하고 지역 구내 한 비닐하우스에서 집단 회식을 했다는 의혹이 제기되어 논란이 일었다. 시민들의 눈을 피해 사적인 장소에서 모임을 한 것 아니냐는 비판이 일어났다.

독설 중태에 빠진 경비원은 당신을 국회의원으로 인정할 수 있을까?

<u>이학영 의원의 정당은?</u>

❈ 221 이헌승

출생 1963년 5월 11일

논란 2016년 10월 29일 충북 단양의 모 골프장에서 라운딩하였다. 그 당시 '최순실 게이트'와 관련되어 박근혜 하야를 요구하는 대규모 광화문 촛불집회가 열린 날이었기에 큰 비판을 받았다. 이에 그는 특별한 목적은 없었고, 단순히 친목을 다지기 위한 라운딩이었다고 해명했다.

부산시의 숙원사업인 경부선 지하화 사업을 방해했다는 논란이 일었다. 이헌승 의원은 "경부선 지하화는 오거돈 부산시장의 제1 공약 사항인데 추진이 되면 21대 총선에서 우리 당이 불리해질 수 있다"는 메시지를 당내 인사에 보내 큰 논란이 일어났다.

독설 국민 우선? 아니 우리 기득권이 우선이다!

이헌승 의원의 정당은?

❈ 222 이형석

출생 1961년 10월 5일

논란 의원 꿔주기라 불리는 위성정당에 대해 공개적으로 반대 의사를 밝혔다. 하지만 그는 곧바로 입장을 선회한다. 선거 승리를 위해선 어쩔 수 없다며 자신의 평소 의사와 정반대의 행보를 보인다. 선거 승리를 위해서는 절차를 무시해도 되냐는 많은 사람의 비난을 받았다.

독설 선거 승리 위해 원칙을 버린 당신, 승리 후에는 무엇을 버릴까 두렵다.

이형석 의원의 정당은?

❀ **223 이해식**

출생 1963년 11월 13일

논란 당시 윤석열 검찰총장이 건설업자 윤중천이 윤석열도 접대를 받았다는 진술을 바탕으로 의혹 기사를 쓴 한겨레를 고소하자 "언론에 재갈 물리기"라 비판했다. 하지만 2018년 10월 가짜뉴스 대책 특위 구성하며 가짜뉴스 규제책을 내놓고 문재인 대통령 관련 가짜뉴스를 생산 유포했다며 75명을 검찰에 고발하여 내로남불 소리를 들었다. 강원중앙선거관리위원회 후보자 인사청문회 자리에서 "당에게 불리한 혹은 공정하지 않은 불공정한 그런 결정을 하지 못하도록 하는 임무도 굉장히 중요한 업무입니다."라는 노골적인 관권선거 요구 발언으로 여야와 학자들의 비판을 받았다.

2024년 11월 17일 페이스북에서 로마 황제이자 철학자였던 마르쿠스 아우렐리우스의 명상록 속 글귀를 인용하며 이재명 당 대표를 "신의 사제, 신의 종"에 비유했다는 비판을 받았다.

독설 남의 입엔 재갈을 물리고, 본인 입엔 면죄부를 거는 이중잣대의 달인!

<u>이해식 의원의 정당은?</u>

❀ **224 임오경**

출생 1971년 12월 11일

논란 2020년 6월 24일 초선의원 혁신포럼 강연에서 청년 일자리 부족 문제를 거론했는데, 이 과정에서 "보여주기 좋은 일자리만 찾다 보니"라고 발언했다. 경비원의 처우 문제를 거론하며 "경비원이 의자 두 개 붙여서 주무시는 것이 마음 아프다."라고 말을 하며 "대한민국 쉽은 청년들이 경비원 같은 일도 할 수 있지 않을까" 하며 청년 일자리 문제를 청년들의 높은 눈높이로 이야기해 큰 논란을 빚었다.

경주시청 트라이애슬론 팀 집단 가혹 행위 사건으로 인해 최숙현 선수가 투신자살하는 사건이 일어났을 때 핸드볼 선수 출신인 임오경은 "남자친구가 있었다고 하는데, 남자친구하고 뭔가 안 좋은 것이 있었나?"라고 말을 하며 피해자인 최숙현을 위로하기보다는 남자친구, 정신병력, 가족관계 등에서 극단선택의 이유를 찾는 이해할 수 없는 말과 행보를 이어나가 많은 이들의 빈축을 샀다.

2021년 10월 21일 문화체육관광위원회 종합감사에서 황희 문화부 장관에게 '학생 선수의 교내 폭력 사건' 관련 질의를 하던 중 "3선 위원인 정청래 의원은 학교 다닐 때 싸움을 진짜 많이 했고, 친구들도 많이 괴롭히셨답니다."라고 발언을 하여 주변을 아연실색하게 만들었다.

2023년 11월 9일 임오경은 국민체육진흥공단이 주최한 고객편익센터 착수설명회 개최 보도자료를 배포하며 보도자료를 통해 고객편익센터 건립을 위해 문화체육관광부 대상으로 끈질긴 설득 끝에 국비 100억 원을 확보했다고 밝혔다. 하지만 그건 거짓이었다. 100억은 국비가 아닌 국민체육공단이 매출액 중 일부를 적립해 지역 주민을 위한 사회공헌사업에 사용하는 경륜경정사업 준비금이었다. 결국 공익제보자에 의해 임오경은 허위사실 유포죄로 고소를 당했다.

독설 올림픽 영웅으로만 남았으면 존경받았을 텐데.

<u>임오경 의원의 정당은?</u>

❀ 225 임이자

출생 1964년 3월 4일

논란 2022년 12월 26일 국회 환경노동위원회 회의에서 임이자 의원은 30인 미만 사업장의 근로시간을 '주 최대 60시간'으로 만드는 추가 연장 근로제를 2년 더 연장하자고 주장했다. 이게 논란이 된 이유는 임이자는 노동계 출신으로, 그간 반대의 입장을 주장했기 때문이다. 2023년 3월 16일 윤석열 정부의 '주 최대 69시간'까지 노동시간을 허용하는 정책에 여론이 악화되자 임이자는 가짜뉴스 탓으로 책임을 돌려 논란이 되었다.

 2021년 4월 19일 임이자 의원의 논문이 표절 검사 프로그램에서 약 1/3가량이 표절로 의심된다는 결과가 나왔다. 1996년 1월 22일 「도로교통법」 위반으로 인해 벌금 100만 원을 선고받았다.

독설 과거의 임이자, 현재의 임이자 당신의 노동정책 철학은 어떤 것인가?

<u>**임이자 의원의 정당은?**</u>

❀ 226 임종성

출생 1965년 8월 5일

논란 2022년 9월 7일 「선거법」 위반 혐의로 불구속 기소되었다. "선거운동에 참여한 청년 당원 등에게 금품을 제공하라"고 지시한 혐의와 선거 사무원에게 금품을 제공한 혐의다. 결국 2024년 2월 8일 대법원이 징역 4개월에 집행유예 2년을 선고한 원심을 확정했다. 서울동부지검이 2024년 2월 26일 1억 1,500만 원 금품수수 혐의로 구속 영장을 청구했고, 2024년 2월 29일 구속 수감되었다.

송영길 대표가 당내에 돈 봉투가 살포되었다는 의혹으로 수사 중인데 그 수사 내용에 2021년 4월 28일에 작성된 것으로 보이는 녹취록에 "종성 등은 안 주려고 했는데 '형님 우리도 주세요.' 해서 (돈 봉투) 3개를 빼앗겼다"고 말한 것이 확인되었다.

독설 돈 냄새 하나는 기가 막히게 맡는 능력. 그것도 당신의 능력이다.

임종성 의원의 정당은?

❀ 227 임호선

출생 1964년 9월 27일

논란 국회 행정안전위원회 소속 임호선 의원은 2024년 6월 18일 동서횡단철도의 조속한 착공을 위해 예비타당성 조사 면제하고 국가, 지방자치단체 지원 등의 근거를 마련하는 내용이 담긴 「중부권 동서횡단철도 건설을 위한 특별방안(중부권 동서횡단철도법)」을 대표 발의했다.

그러나 현실적으로 객관적인 재정 투입 효과보다 지역 표심을 위해 예타 면제 법안을 통과시키는 것이라는 비판이 있다. 실제로 2019년의 국토교통부의 사전 타당성 조사에서 0.242 수준의 낮은 비용 대비 편익을 기록한 적이 있다. 즉 사업에 경제성이 전혀 없다는 이야기다. 그것을 알고 법안을 발의하는 것은 지역 주민을 위한 립 서비스라는 비판이 일고 있다.

독설 나라에 돈 없어도 그냥 말이라도 해야 투표할 때 나 뽑지!

임호선 의원의 정당은?

❀ 228 인재근

출생 1953년 11월 11일

논란 윤미향 보호법이라고 해도 과언이 아닐 정도로 정의연을 포함한 관련 단체에 대해 허위사실 유포가 아닌 사실만을 적시했다 하더라도 명예훼손해서는 안 된다는 위안부 왜곡 처벌법을 발의했다 많은 국민의 질타를 받고 철회하였다.

2023년 2월 정신질환자의 의사결정을 지원하는 제도 신설 등을 내용으로 담은 「정신건강증진 및 정신질환자 복지서비스 지원에 관한 법률」 개정안을 대표 발의했다. 하지만 신경정신의학계에서는 '정신질환자의 인권 보장'을 명목으로 한 정신질환자 강제입원 폐지 주장에 대해 우려를 나타냈다. 그리고 실제로 진주 아파트 방화, 흉기 난동 살인 사건, 서현역 칼부림 사건과 같이 정신질환자가 치료를 받지 못해 범죄를 저지르는 사례가 늘었다. 강제적 치료할 기회가 없어져 말 그대로 사각지대에 놓인 정신질환자가 범죄를 저지르는 일들이 늘어나고 있다는 통계가 나오고 있다.

독설 나 좋은 일 하잖아! 조금 불법해도 날 모욕하면 안 되는 거야!

인재근 의원의 정당은?

❀ 229 장경태

출생 1983년 10월 12일

논란 추미애 아들 군 복무 논란에 대해 "도대체 누가 3일 병가 연장하려고 멀쩡한 무릎을 수술하나, 군대는 누구든 어디든 춥고 배고픈 곳"이라며 "내부 고발을 한 것처럼 얘기하는 A 대령은 병력 관리를 제대로 못 한 것을 스스로 부끄러워해야 한다"고 추미애 아들을 두둔해 민심의 역풍을 맞았다.

전당대회 돈 봉투 의혹 사건을 불거질 시기에 SBS 김태현의 정치쇼 인터뷰에서 "이런 관행은 없어져야 되지만, 실무자들에게 전달된 금액이 50만 원이 살포됐다거나 어떤 거창한 금액으로 선거에 영향을 미치기는 어렵다"고 주장하며 사무실에서 근무하는 실무자들의 운영비에 대해 "50만 원은 사실 한 달 밥값도 안 되는 돈"이라며 "50만 원은 지급할 수 있었을 것 같다는 생각이 든다"고 발언해 논란을 일으켰다.

천안함 사태에 대해서 "군인이라면 경계에 실패하거나 침략당한 책임도 있어"라는 망언을 하였다.

독설 돈 봉투 주고받은 사건도 관행이라 괜찮은 거야?

장경태 의원의 정당은?

❀ 230 장제원

출생 1967년 4월 13일

논란 조국 청문회에서 "자식에게 문제가 있는 공직자는 공직자로서의 자격이 없다."라는 발언을 하였는데, 정작 자신의 아들 노엘의 문제는 상상 그 이상이었다. 2019년 9월 7일 장제원 아들 노엘이 오전 1시 서울시 마포구 인근에서 자신의 벤츠 차량을 몰고 가다 오토바이와 접촉 사고를 냈는데, 당시 혈중알코올농도는 만취 상태인 '면허취소' 수준 0.08%를 넘는 0.12%이었던 것으로 밝혀졌다. 그런데 채널A, SBS의 보도로 사고 당시 노엘이 자신이 운전하지 않은 것처럼 꾸

미려고, 운전자 바꿔치기를 시도한 정황과 사고를 처리하는 과정에서 장재원의 신분을 언급했다는 의혹, 노엘이 경찰관에게 금품을 건네려 하는 등의 사건 무마를 시도했다는 의혹이 나왔다.

이 사건으로 장재원이 과거 2008년 발의한 「음주운전 처벌 강화」 개정안이 화제가 되었다. "음주운전자의 손에 맡겨진 자동차는 더 이상 이동수단이 아닌 일종의 살인도구나 마찬가지"라고 표기되었기 때문이다. 이런 상황에도 장재원 아들은 검찰에서 공소한 여러 죄목 중 특가법상 위험운전 치상, 「도로교통법」 위반, 범인 도피교사, 「보험사기방특별법」 위반 혐의만 인정되고, 뺑소니와 운전자 바꿔치기에 대한 대가에 대해서는 무죄를 선고해 많은 이들이 분노하게 만들었다.

독설 친자소송 필요 없네. 완벽한 부자관계네.

장제원 의원의 정당은?

❀ 231 장철민

출생 1983년 5월 16일

논란 2020년 박영순, 황운하와 함께 대전 철도 선로 위에서 허가 없이 기자회견을 하며 구설수에 올랐다. 현행 「철도안전법」은 선로나 철도시설에 승낙 없이 출입하거나 통행하는 행위에 대해 과태료를 부과하도록 규정하고 있고, 이에 「철도안전법」 위반 혐의를 적용해 25만 원이 부과되었다.

2024년 6월 1일 지방선거를 앞두고 대전 동구 지역위원회에서 '사천 논란'이 뜨거워졌다. 현직 대전시 동구의원을 중심으로 공천권을 쥔 장철민 국회의원의 불공정 공천 책임을 물어 대전시당 공천위 기획단장 사퇴까지 요구할 정도였다. 특히 장 의원의 측근인 보좌관과 비서관 출신을 공천하기 위해 현직 의원들에게 불출마 권유 등을 했다는 의혹에 휩싸이면서 갈등이 격화되었다.

초선으로 첫 공천권을 행사하면서 붉어진 사천 논란에 장철민 국회의원은 공식 입장문을 발표했다.

"당엔 변화와 혁신이 필요하다. 정치 기득권 해체와 새로운 인재 발굴은 지역 위원장으로 당연히 해야 할 의무"라며 "정해진 절차의 공천 심사 과정을 스스로 포기한 뒤 허위주장을 펴는 것은 명분도, 목적도 없는 지역위원장 흔들기며 변화와 혁신에 대한 저항일 뿐"이라고 전했다.

독설 내가 하면 혁신 남이 하면 기득권 지키기

장철민 의원의 정당은?

❀ 232 장혜영

출생 1987년 4월 8일

논란 2021년 1월 25일 김종철 당 대표로부터 성추행을 당했다는 사실을 공개했다. 2021년 1월 15일 발생한 정의당 김종철 대표와 당무상 면담을 위해 저녁 식사를 가졌고, 식사 후 밖에 나와 김종철 대표가 장혜영 의원에게 성추행을 저질렀다. 이에 김종철 대표는 당 대표직을 사퇴했고, 1월 28일 징계위는 김 전 대표에 대한 제명을 결정했다.

그런데 피해자인 장혜영 의원이나 당 차원에서 김종철을 형사고발하지 않은 것에 대해서 논란이 제기되었다. 현직 국회의원 피해자와 현직 정당 대표 가해자 사이에서 벌어진 일이 브리핑을 통해 세상에 공개됐는데, 이를 단지 조직 내부 문제로 축소시키며 공동체적으로 해결한다는 식으로 발언하는 것은 문제가 있다는 견해가 지배적이다.

독설 국회의원도 쉬쉬하는데 성폭행 피해자가 어떻게 목소리 낼 수 있을까?

장혜영 의원의 정당은?

❋ 233 전봉민

출생 1972년 10월 21일

논란 1986년 설립된 이진종합건설이라는 회사는 전봉민 의원의 아버지 전광수 회장이 최대주주인데, 전봉민은 20대 후반이던 2000년부터 20년 동안 아버지 회사의 이사회 대표를 맡아왔고, 이진종합건설 대표이사였던 2008년 부산시 시의원에 당선되었다.

시의원 당선 후 매출이 2008년 45억이던 매출이 2013년 2,000억으로 늘었다. 당선된 후 5년 만에 매출이 약 50배 늘어났고, 시의원을 하는 도중에도 건설사 대표와 임원직을 계속했다.

그리고 2011년 두 동생들과 이진주택이라는 회사도 설립했는데, 이 회사 역시 아버지 회사인 이진종합건설의 분양사업을 넘겨받아 매출이 급성장했다.

전봉민 의원이 처음 회사 두 곳을 만들며 투자한 돈은 6억 8,000만 원인데 지금 이 돈은 858억으로 125배 불어났다. 두 동생도 비슷하게 재산이 늘어났다.

독설 우리나라 최대의 재테크는 국회의원 가족 두기!

전봉민 의원의 정당은?

❀ 234 전용기

출생 1991년 10월 26일

논란 21대 국회 두 번째 최연소 국회의원이며, 정당 역사상 최연소로 당선된 비례 국회의원이다. 코로나로 정부, 여당이 '추석 고향 방문 자제'를 당부하는 가운데 심야까지 동료 국회의원들과 술자리를 가져서 큰 비판을 받았다.

송영길 전 대표가 당 대표로 뽑힌 2021년 5월 2일 전당대회를 목전에 둔 시기인 그해 4월 27일과 28일에 현역의원 20명에게 총 6,000만 원의 현금을 전달한 사건이 일어났다. 전당대회 돈 봉투 살포 의혹 사건에 연루되었다는 의혹을 받고 있다. 검찰이 출석요구를 하고 있지만 응하지 않고 있다. 의정활동을 이유로 계속해서 출석을 거부하는 행위를 하고 있다.

독설 나이는 젊지만 이미 당신은 국회의원 자질(?)이 넘친다.

<u>전용기 위원의 정당은?</u>

❀ 235 전재수

출생 1971년 4월 20일

논란 2016년 10월 27일 전재수는 도서정가제 적용을 받는 전자출판물을 무료로 대여하거나 이를 강요하는 행위를 금지하고, 이를 위반할 경우 300만 원의 과태료를 부과하는 내용을 골자로 하는 「출판문화산업 진흥법 일부 개정법률안」을 대표 발의하였다. 하지만 많은 반대여론으로 입법을 철회하였다.

당의 새 지도부 뽑는 전당대회를 앞두고 비공식 모임 부엉이 모임이 알려져 논란이 일었다. 친문(친 문재인 대통령) 계파 모임이라 의심되는 부엉이 모임의 회원이었다가 계파정치를 한다는 쓴소리에 해체하였다.

독설 계파 모임은 해체했지만, 그 흔적은 정치를 신뢰하지 않는 국민 마음에 남았다.

전재수 의원의 정당은?

❀ 236 전주혜

출생 1966년 7월 15일

논란 '르노삼성 성희롱 사건'은 직장 내 성희롱 사건에서 피해자 A는 물론 피해자를 도운 동료직원 B에 대해서도 회사가 부당한 인사조치 등을 해서는 안 된다는 원칙을 대법원이 처음 인정한 사건이다. 이 사건에 전주혜는 르노삼성 법인과 르노삼성 관계자들을 공동대리했다. 그런데 전주혜는 '여성친화정당을 만들겠다.'로 영입한 인재로서 전주혜를 비례대표로 국회에 입성하였다. 서울 강동농협에서 과장급 이상 직원 49명에게서 정치후원금을 10만 원씩 동의 없이 공제해 전주혜 위원 후원회에 전달한 사실이 적발되었다. 전주혜 측은 "후원금을 부탁한 적도 없고, 후원 경위도 전혀 모른다."라고 밝혔다.

 2024년 2월 15일 박성재 법무부 장관 후보자의 인사청문회 과정에서 김건희 여사의 명품백 수수 관련 의혹에 대해서 이야기하자 전주혜는 "함정 취재는 명백한 취재윤리 위반이며, 정당한 취재라고 볼 수 없다. 이런 의견들이 나오고 있다"며 김건희 여사를 두둔했다.

독설 뇌물 받은 사람 마음을 너무 잘 아네요.

전주혜 의원의 정당은?

❀ 237 전해철

출생 1962년 5월 18일

논란 2009년, 다양한 경험을 쌓은 인재들을 전문성 있는 변호사로 양성하겠다는 취지로 시행된 법학전문대학원(로스쿨) 제도. 그러나 이 제도는 현대판 음서제라 불린다. 로스쿨의 연간등록금은 최대 2,000만 원으로 일반 대학원의 2배 수준이다. 그러다 보니 서민들은 들어가고 싶어도 들어갈 수 없다고 말을 한다. 그러다 보니 사법시험 존치 주장의 여론이 많았다. 하지만 당시 전해철 의원은 대표적 사시 반대파였다. 결국 사법시험은 1964년부터 2017년까지 시행되었다 폐지되었다.

3기 신도시 발표 전 내부 정보를 이용해 부인 명의로 땅을 사들인 혐의로 당시 전해철 행정안전부 장관의 전 보조관 A씨가 구속되었다. 전해철과는 관련이 없는 개인 범죄로 사건은 마무리되었다.

독설 공정의 사다리를 걷어차고, 특권의 탑을 세우는 것이 당신의 정의인가?

<u>전해철 의원의 정당은?</u>

❀ 238 전혜숙

출생 1955년 5월 5일

논란 여성가족위원회 의원으로서 성희롱 무죄 입증 법안을 발의했다. 이 법안의 문제는 분쟁 해결에 있어서 입증 책임은 성차별, 성희롱 행위가 있었다고 주장하는 자의 상대방이 부담하도록 한다는 내용이었다. 형법 자체에 무죄 추정의 원칙, 증거재판주의에 따라 국가가 범죄를 입증하는 것이 절대 원칙인데. 이 법안은 무죄 추정의 원칙을 원칙적으로 훼손하는 유죄 추정의 원칙이기 때문이다.

결국 여론 폭발로 발의를 철회했다.

독설 세금 낭비로 국회의원을 고소한다. 국회의원 당신들이 소송비용 부담해라!

전혜숙 의원의 정당은?

239 정경희

출생 1958년 1월 25일

논란 "민중사학은 대한민국을 여전히 제국주의 미국의 식민지라고 인식하고 있으며, 우리의 근현대사를 지배계급과 기층 민중의 대립구도로 파악하는 마르크스 레닌주의 역사관의 한 형태라고 말을 하며 실례로 '일제시대'를 북한식 용어인 '일제강점기'라는 말로 바꾼 것도 바로 이들 민중사학자들입니다."라고 주장했다. 그러나 일제강점기는 반공을 국시로 내걸었던 박정희 시대에도 쓰여 논란이 일었다.

정경희가 국사편찬위원을 지낼 당시 "제주 4.3 사건은 남로당이 주도한 좌익세력의 활동으로 인해 일어난 사건이었다", "도민들이 궐기한 게 아니라 제주도의 공산주의 세력이 대한민국 건국에 저항해 일으킨 무장반란"이라고 말을 해 논란이 있었다. 참고로 정경희는 대한민국 역사학자 출신으로 비례대표로 국회에 입성하였다.

독설 내 진영 우선 역사관을 가지면 국회의원 될 수 있다!

정경희 의원의 정당은?

❈ 240 정동만

출생 1965년 7월 18일

논란 2020년 10월 23일 국토교통위 국정감사에서 인천공항 골프장 사업자 선정 과정에 김현미 장관의 개입 의혹을 제기하였다. 그런데 근거로 제시한 것이 사업신청자와 장관이 고등학교 동문이었다는 점과 증거로 내세운 게 이상직 의원과 함께 찍은 사진이 전부였다.

그런 와중에 윤석열 계엄 사태 관련되어 탄핵 반대를 하였다.

독설 의혹은 사실로 증명해야지, 억측과 사진으로 채우는 게 아니다.

<u>정동만 의원의 정당은?</u>

❈ 241 정성호

출생 1961년 10월 19일

논란 2022년 12월과 2023년 1월 서울구치소를 찾아 김용 전 부원장과 정진상 전 실장을 장소 변경 접견(법무부 허가받아 접촉차단시설은 없는 곳에서 접견해 대화 내용을 교도관이 기록하고 검찰에 보고한다.)해 "이대로 가면 이재명 대표가 대통령이 되는 것"이라는 취지로 말해 이재명 관련 진술을 하지 못하도록 회유한 정황으로 의심 사는 일이 벌어졌다.

전당대회 돈 봉투 의혹 사건이 불거지면서 김현정의 뉴스쇼 출연해 "전체적으로 큰 금액이라고 생각하지만 실무자들의 차비, 기름값, 식대 이런 수준"이라며 "그런 구체적인 금액과 주고받았다는 걸 알았다면 송영길 대표가 용인하지는 않았을 것"이라고 발언해 논란이 일어났다.

독설 정의는 입막음으로 지키는 것이 아니라 진실로 세우는 것이다.

정성호 의원의 정당은?

❀ 242 정일영

출생 1957년 9월 7일

논란 2013년 국토교통부 고위관계자가 코레일에 정일영 교통안전공단 전 이사장을 밀어달라고 해서 논란이 되었다. 결국 코레일 사장으로 선임되지 않았고, 후에 인천국제공항 사장으로 부임하게 되었다. 그리고 문재인 대통령은 임기 내 비정규직 제로 시대를 열겠다고 약속했다. 당시 인천국제공항 사장 자격으로 배석한 정일영으로 "만 명에 달하는 비정규직 직원을 모두 정규직으로 전환하겠다"고 발표했다. 그리고 2020년 6월 인천국제공항공사에서 비정규직 중 일부인 2,143명(공항소방대 211명, 야생동물통제 30명, 보안검색요원 1,902명)을 자회사 채용 조건에서 '청원경찰' 신분의 자사 정규직으로의 직고용으로 전환했다고 밝히면서 큰 소란이 일어났다.

독설 대선 공약 지키는 데 일조하려는 충성심이 빚은 참사.

정일영 의원의 정당은?

❀ 243 정운천

출생 1954년 4월 10일

논란 2016년 국정감사장에서 대한민국의 청년들을 오지에 보냈으면 좋겠다는 말을 하였다. 정운천이 농경제학을 전공했기에 차라리 국내 귀향을 주장하며 청년들을 걱정하는 말을 했으면 되었지만 아프리카의 나이지리아, 콩고, 동남아에 보면 캄보디아 같은 데 보내라는 말을 해 큰 비판을 받았다. 2022년 국정감사 첫날부터 골프 약속을 잡는 모습이 잡혀 빈축을 샀다.

이태원 참사 사태에 대한 책임을 묻는 자리에서 이상민 행정안전부 장관을 향해 "이태원 참사를 확실하게 수습하고 책임지고 나오면 저같이 이렇게 국회의원도 되지 않냐"는 말을 해 많은 이들에게 빈축을 샀다. 정운천은 2008년 광우병 당시 농림수산식품부 장관을 지냈다.

독설 혹시 광우병 걸렸는가?

정운천 의원의 정당은?

❀ 244 정점식

출생 1965년 7월 15일

논란 2019년 3월 23일 보궐선거를 앞두고 통영지역신문사 『한려투데이』의 기자 오 모 씨를 금품으로 매수하려 했다는 의혹으로 경상남도 선거관리위원회가 조사에 나섰다. 2021년 10월 6일 윤석열 전 검찰총장 당시 검찰의 고발 사주 의혹으로 정점식의 사무실과 자택을 압수수색 당했다.

윤석열의 계엄령에 따른 탄핵 재표결 입장 문의에서 지역 주민이 궁

금해하니 입장 표명해 달라는 물음에 "전혀 안 궁금해할걸."이라고 답해 국민의 분노를 일으켰다.

독설 당신의 업적은 국민 쓴소리를 듣지 못하는 대통령을 만든 것이다.

정점식 의원의 정당은?

❀ 245 정정순

출생 1958년 3월 8일

논란 국회의원 당선 이후 선거 캠프 회계책임자에 의해 선거 과정에서 회계부정을 저질렀다는 혐의로 고소를 당했다. 그리고 2020년 10월 29일 본회의에서 재적 의원 186명 중 찬성 167표, 반대 12표 기권 3표, 무효 4표로 체포동의안이 가결되면서 2015년 박기춘 의원 이후 5년 만에 국회의원 체포안이 가결되었다. 역대 14번째 가결이다.

결국 11월 3일 새벽 구속되었다. 21대 국회 들어 처음으로 구속되는 불명예를 떠안게 되었다.

독설 당신은 억울할 거다. 당신보다 더한 사람도 구속되지 않아서. 그런데 제일 억울하고 화가 나는 것은 국민이다.

정정순 의원의 정당은?

❀ 246 정진석

출생 1960년 9월 4일

논란 한일의원연맹 산하 조선통신사위원회 위원장 자격으로 일본으로 방문 중인 2021년 11월 16일에 자신의 페이스북에 "살얼음판 밟듯 조심조심 일본에 온 첫날. 서울발 뉴스가 우리 조선통신사 일행의 뒤통수를 쳤다. 경찰청장이 독도에 날아가 경찰병력들을 격려했다는 뉴스였다"고 썼다. 그 글에 많은 국민은 우리나라 땅인 독도에 간 것이 왜 문제냐며 큰 논란이 일었다.

2018년 6월 15일 지방선거에서 참패한 이후 기자에게 "당이 세월호처럼 침몰했잖아."라고 막말을 하였다. 2022년 11월 7일 이태원 참사 당일 윤석열 대통령 퇴진집회 때문에 경찰이 출동 못 하면서 참사를 못 막았다는 어이없는 말을 해 국민적 공분이 일어났다.

2022년 10월 11일 본인 페이스북에 "조선은 일본군의 침략이 아니라 안에서 썩어서 문드러져 망했다", "일본은 국운을 걸고 청나라와 러시아를 무력으로 제압했고, 쓰러져 가는 조선왕조를 집어삼켰다"며 친일 식민사관적 사고를 드러냈다. 참고로 조부인 정인각(창씨개명: 오오타니 마사오)는 친일행각이 드러났다.

윤석열 대통령을 공격하면 제재하고 친윤, 반윤 쓰는 것에 대해 제재를 하겠다는 망언을 하였다.

독설 국민은 묻는다. 독도는 대한민국 땅인가? 아니면 일본 땅인가?

<u>정진석 의원의 정당은?</u>

❀ 247 정찬민

출생 1958년 7월 2일

논란 2020년 12월 10일 정찬민 의원이 로텐더홀에서 "왜 때밀이들하고 싸워?"라고 발언해 큰 논란이 일었다. 그 때밀이라는 지칭 대상이 「중대재해처벌법」 제정 요구시위를 하는 태안화력발전소 사고 피해자 김용균 씨 유족과 정의당원들이라 논란이 일었다.

2020년 10월 방송된 PD수첩 '개발 천국의 은밀한 거래' 편에서 부동산 개발 관련 특혜를 미끼로 건설업자로부터 땅을 시세보다 싸게 산 후, 용도를 불법적으로 변경하고 인근 도로 계획 과정과 불법적인 건축 인허가에 개입했다는 의혹이 제기되었다.

2021년 9월 16일 영장 기각이 두 번이나 이뤄진 상황에서 제3자 뇌물수수 혐의로 다시 청구되었고, 정기국회 회기 중이므로 영장이 발부되고 국회의 체포동의안 의결이 있어야 구속집행이 가능했고, 정찬민은 "국회의원 불체포 특권을 포기하고 국회의원에 주어진 특권 뒤에 숨지 않겠다"고 말을 하였다.

결국 2023년 8월 18일 대법원이 정찬민의 원심 7년 형을 확정했고, 이에 따라 피선거권이 상실되어 의원직이 자동 상실되었고, 22대 총선까지 용인시 갑 의석은 22대 총선까지 결국 공석이 되었다.

독설 때밀이라는 막말로 국민을 모욕한 결과, 본인의 이름은 앞으로 역사의 때로 남을 것이다.

정찬민 의원의 정당은?

❀ 248 정청래

출생 1965년 5월 18일

논란 정청래는 1989년 주한 미 대사관저 점거농성에 가담했다. 정청래는 당시 전대협 반미구국결사대의 일원으로 미국의 농수산물 수입 개방 압력 등에 항의해 50여 분간 대사관 점거농성에 가담했다. 이 때문에 2년간 복역했고, 1995년 8월 15일 김영삼 정부의 광복 50주년 기념 8.15 대거 특별 사면 때 복권되었다. 정청래는 1991년부터 1997년까지 마포구 성산동에서 '길잡이학원'을 운영하여 큰 성공을 거뒀다. 그런데 문제는 학원 내 체벌과 폭력으로 유명했다는 점이다. 당시 어찌나 체벌이 심했는지, 애를 잡는다고 '애잡이학원'으로 불린 것은 마포지역에서 유명했다.

입이 상당히 거칠고 막말과 욕설의 빈도가 잦아 정청래를 검색하면 정청래 막말이 나오는 수준이다. 정청래의 셋째 아들이 또래 여중생에게 여러 차례 성추행 및 성희롱을 가하고도 3년째 같은 학교에 다니고 있다는 사실이 밝혀졌다. 2015년 당시 중학교 1학년이었던 정청래의 아들은 같은 학교 여학생을 따로 불러내 신체 부위와 속옷을 만지며 성추행을 하였다. 하지만 여학생은 사건이 외부로 알려지길 원치 않아 신고 등 대응을 하지 않았다. 하지만 정청래 아들은 SNS를 통해 피해 여학생에게 "가슴을 만지고 싶다", "니 가슴 출렁이는 것 보고 나 혼자 자위했다."라는 지속적인 성희롱 메시지를 보냈고, 결국 참다못한 여학생이 경찰에 신고를 하였다.

2018년 5월 4일 오후 8시 30분쯤 서울 중구 필동에 위치한 건물의 지하주차장에서 벤츠 차량 전면을 들이박은 후 차주에게 연락하거나 연락처를 남기지 않고 그대로 자리를 떴다. "촬영 때문에 급하게 이동하느라 그랬다"고 해명했고, 경찰은 「도로교통법」에 따라 정청래에게 주차장 뺑소니 사고에 대한 범칙금 14만 원을 부과했다.

추미애 법무부 장관 보좌관의 군부대 전화 논란에 대해 "아들과 보좌관이 친하니 엄마가 아니라 보좌관 형한테 이럴 때는 어떻게 해야 하느냐 물어본 것"이며, "식당에서 김치찌개 시킨 것을 빨리 달라고 한 게 청탁이냐"며 말해 국민 정서와 너무 떨어져 있다는 비판을 받았다.

독설 아들의 잘못도, 자신의 실수도 핑계로 가릴 수 없다. 공정은 말이 아니라 실천이다.

정청래 위원의 정당은?

❀ 249 정춘숙

출생 1964년 1월 8일

논란 혼인, 혈연, 입양으로 이뤄진 사회의 기본단위인 '가족' 개념을 삭제하면서 가족의 형태를 이유로 하는 차별을 금지하는 내용의 「건강가정기본법」 개정안을 발의했다.

1인 가구 폭증 등 사회변화를 반영해야 한다는 목소리도 있지만, 동성혼 가족 허용 등 전통적 가족 개념의 붕괴를 초래해 사회혼란과 갈등을 유발할 우려가 크다는 지적이 많아 많은 국민들에게 질타를 받았다.

독설 국민정서를 무시한 법. 도대체 공감능력은 어디에?

정춘숙 의원의 징당은?

250 정필모

출생 1958년 6월 3일

논란 '오늘을 밝히고 내일을 준비합니다.' 사명으로 언론인의 삶을 살았다.

그러다 2018년 KBS 사규 위반으로 중징계 절차가 진행되던 도중 KBS 부사장에 임명이 되었다. 그리고 KBS 부사장에 물러난 지 30여 일 만에 비례대표 명단에 이름을 올리게 되고 결국 국회에 입성하게 되었다.

독설 오늘은 언론인! 내일은 국회의원! 됩니다.

<u>정필모 의원의 정당은?</u>

251 정태호

출생 1963년 3월 20일

논란 1985년 설립된 전국적 학생운동 전위조직인 '삼민투'의 서울대 부위원장을 맡았다. 민족통일, 민주쟁취, 민중해방의 삼민(三民) 노선을 내세워 삼민투라 불린 이 단체는 이후 법원에 의해 북한의 주의, 주장을 추종하는 「국가보안법」상 이적단체로 판결된 바 있다.

당시 서울고등법원은 1986년 정태호 삼민투 서울대 부위원장이 1985년 상반기에 있었던 시위를 주동하거나 배후에서 조종한 혐의를 모두 인정했다. 당시 판결문에 나타난 혐의를 구체적으로 보면 1985년 4월 12일 을지로6가 일대에서 서울대생 1,900여 명이 순찰차에 화염병을 투척하고 용곡동 파출소에 투석전을 전개한 사건, 같은 해 5월 24일 관악구 사당 2동 남성극장 앞에서 서울대생 100여 명이 순찰차에 화염병을 던져 전소시킨 사건 등에서 관여 사실이 인정되었다. 이 혐의로 징역 4년을 선고받고 복역하다가 1988년 12월 사면복권되었다.

그리고 이듬해 11월 24일 다시 「국가보안법」 위반 혐의로 구속된다. 노동운동을 하다 투옥되었다고 알려져 있었지만, 당시의 언론 보도와 서울지방법원의 판결문을 참조하면 정태호는 당시 서대문구 북아현동에 소재한 '월간 노동자' 사무실에서 마르크스의 '공산당 선언'을 함께 학습하고, 김일성 주체사상이 담긴 '주체기치 3호' 등을 소지하고 있었던 것으로 알려졌다.

독설 3대 세습 중인 김정은을 욕해 봐.

정태호 의원의 정당은?

❁ 252 정희용

출생 1976년 10월 1일

논란 윤석열 대통령 탄핵소추안이 국회에 통과된 가운데 정희용은 자신의 페이스북에 "12월 3일 비상계엄은 잘못됐다고 생각한다는 점을 분명히 밝힙니다."라며 비상계엄과 관련된 혼란을 지적했다. 그러면서 "독선적이고 강압적인 거대 야당의 횡포를 막고 동시에 국정 혼란을 최소화하며 사태를 수습하는 방안이 무엇일지 고심한 끝에 탄핵안에 반대표를 던졌다"고 밝혔다.

독설 국민 아닌 정당에 충성하는 이중논리!

정의용 의원의 정당은?

❀ 253 조경태

출생 1968년 1월 10일

논란 2022년 10월 16일 KBS '일요진단 라이브'에 출연하여 토론에서 어떤 지역구가 전술핵을 배치하겠냐는 이야기에 뜬금없이 부산 사하구가 나서겠다고 말했다. 지역 주민 동의 없는 뜬금없는 발언으로 황당함과 함께 비판을 많이 받았으나 사과하지 않았다.

  조경태 의원은 전국 학교 도서관에서 보유하고 있는 '현대 정치사 인물 관련 도서 보유 현황'을 요구했다. 현장에서는 도서검열의 정치적 의도를 담아 학교를 압박한다며 규탄했다.

  2024년 3월 15일 『문화일보』와 『월간조선』은 조 의원이 7억 원 상당의 예금을 보유했음에도 불구하고 장인에게 2억 원을 빌려 부산 금정구 아파트를 얻은 것에 대해서 「정치자금법」 위반 의혹을 제기하였다. 22대 총선을 앞두고 서울 변두리에 작은 거처를 마련했다는 발언으로 서울 강서구 비하 논란이 일었다. 아직까지도 그 일에 대한 사과를 요구하지만 침묵하고 있다.

  윤석열 비상계엄 이후 윤석열 탄핵의 목소리를 높였지만 추후 조기퇴진, 질서 있는 퇴진을 말하면서 탄핵심판 투표에 불참하였다. 추후 윤석열 담화를 보고 윤석열 씨라고 말하며 강도 높게 비판했지만 많은 국민들은 여론 간 보기를 했다며 비판하고 있다.

독설 입으로는 비판, 행동은 갈팡질팡 행보

조경태 의원의 정당은?

❀ 254 조명희

출생 1955년 9월 14일

논란 조명희 의원이 자신이 주최한 국회 토론회에서 자기 가족회사의 기술을 활용해 달라고 주문하고, 그해 국회 예결위에서 같은 당 동료 의원이 관련 예산을 요청한 뒤, 조 의원의 가족회사가 해당 용역을 따낸 것으로 확인되었다. 특히 조명희 의원의 회사가 용역 사업을 따낸 2주 뒤, 조 의원은 관련 사업예산을 요청한 이종배 의원에게 500만 원을 후원한 사실도 확인되었다.

이에 대해 조명희는 "개인적 친분으로 이종배 의원에게 고액 후원했으며, 해당 사업 예산 증액 예산과는 관련이 없다"면서 "국회의원이 된 이후 회사 매출과 직원 수가 1/3로 줄었으며, 의정활동과 회사 간의 이해충돌은 일어나지 않았다"고 주장했다.

「공직자윤리법」 제2조 2항 이해충돌 방지 의무에는 공직자는 "공직을 이용하여 사적 이익을 추구하거나 개인이나 기관, 단체에 부정한 특혜를 주어서는 안 된다."라고 규정하고 있다. 하지만 이 조항은 사실상 유명무실하다는 지적이 많다.

독설 친분 뒤 숨은 이해충돌, 변명은 공허한 메아리다.

조명희 의원의 정당은?

❀ 255 조수진

출생 1972년 6월 19일

논란 당의 양천 갑 당협의원장인 조수진 의원은 서울시 양천구 목동 지역구 사무실을 시세보다 싼 임대료로 계약해 사무실 임대료 특혜 의혹을 빚었다. 2020년 8월 말 선거 당시 제출한 재산 총액과 현재 재산이 12억 가까이 차이가 나 재산 허위 신고를 해 논란이 일어났다. 비례대표 후보자로 재산을 신고할 땐 18억 5,000만 원을 신고했으니 지난달 28일 공개된 금액은 11억 5천만 원이 늘어난 30억이었다. 몇백만 원도 아닌 11억 원 상당의 금액 누락이 말이 되냐는 이야기를 듣고 현재 고발되어 수사 중이다.

아들의 50억 퇴직금으로 논란에 오른 곽상도 의원의 제명안을 다룰 것으로 알려지자 조수진 최고의원은 불참을 알리며 "절차 자체가 틀렸다. 전두환도 이렇게 안 했다. 민주주의는 절차가 중요하다"며 맹비난하며 곽상도의 의원직 사퇴 제명에 반대했다.

조수진 의원실에서 일한 인턴이 1년간 일하기로 계약되어 있었는데 6개월도 되지 않은 채 부당하게 해고되었는데, 해고 과정이 자기도 모르게 사직서가 제출되어 있었다고 한다. 해고당한 인턴은 조수진 의원 측에서 대리로 사직서를 제출했다고 밝혔다.

2023년 4월 5일 오전의 KBS 라디오에서 통화로 진행되는 인터뷰 도중 「양곡관리법」을 반대하면서 이에 대비하는 쌀 관련 정책으로 "여성들은 다이어트를 위해 밥을 잘 먹지 않는 경우가 많다"며 '밥 한 공기 비우기' 정책을 제안해 논란이 되었다.

독설 밥 대신 책임 비우는 정치.

조수진 의원의 정당은?

❀ 256 조승래

출생 1968년 2월 21일

논란 2021년 7월 1일 조승래 의원은 청해부대가 제때 백신을 보급받지 못해서 다수의 확진자가 나온 사태에 대해 "군수품이란 것은 본부에서 조달받지 못하면 현지에서 조달해야 한다. 그런 측면에서 현지 조달을 하지 못한 아쉬움이 있고, 군의 지휘부는 문제가 있다."라는 무책임한 말을 해 큰 논란이 일어났다. 그 이유는 아프리카 해역에서 작전을 수행하고 있는 청해부대가 현지에서 백신을 조달하는 것 자체가 어불성설이었기 때문이다.

독설 아프리카에서 백신 쇼핑하라는 건가?

조승래 의원의 정당은?

❀ 257 조오섭

출생 1968년 7월 19일

논란 '1가구는 1주택을 보유 거주해야 한다.'라는 내용의 「주거기본법」 개정안 발의에 참여하였다. 하지만 정작 본인은 다주택자로 확인되었다.

  김건희 여사 후원업체 특혜 의혹 관련되어 목소리를 높였다. 그리고 검찰의 선택적 공정과 선택적 수사에 대해서 많은 비판을 하였다. 하지만 문재인 대통령 영부인 김정숙 여사 관련된 의혹은 음해라 단정지어 이중잣대라는 비판을 받았다.

독설 특혜 비판하다 자기 특혜는 못 본 선택적 시력.

조오섭 의원의 정당은?

❀ 258 조응천

출생 1962년 9월 17일

논란 2016년 7월 1일 국회 상임위원회 감사에서 MBC 출신의 대법원 양형위원이 성추행으로 정직 처분을 받은 적이 있다는 사실을 실명으로 폭로했다. 그런데 문제는 조응천이 지목한 사람은 전혀 다른 사람이었다.

　임대차 3법이 시행되면 전체적으로 가격이 오를 것을 대비(?)해 시행 한 달 전에 서울 강남구 대치동 은마아파트 전세금을 5억 4,000만 원에서 5,000만 원 올려 재계약했다. 아파트 재건축 단지 조합원이 2년 실거주를 해야만 분양권을 받을 수 있는 규제가 철회되면서 비판을 받았다. 그 이유는 재건축 조합원의 실거주 의무를 뺀 「도시 및 주거환경정비법」 개정안을 대표 발의한 조응천 의원이 알고 보니 국내 대표적 재건축 단지인 은마아파트를 소유하고 있었기 때문이다.

독설 국민을 위해 법 제정! 실체는 내 재산 증식!

<u>조응천 의원의 정당은?</u>

❀ 259 조정식

출생 1963년 12월 25일

논란 이재명이 주최한 출입기자단 비공개 오찬에서 "출입기자들을 중앙위원급으로 모셔야 한다", "기자들과 우리는 운명공동체다."라고 말했다. 여기에 그치지 않고 "여기 계신 언론인들이 잘돼야 당이 잘되고, 당이 잘되는 게 언론인 여러분들이 잘되는 것"이라고 말하기까지 해 권언유착의 가능성을 내비쳤다. 참고로 조정식은 17대 국회 이후로

6선을 하였다.

독설 6선 당선의 비결을 자백한 건가?

조정식 의원의 정당은?

❀ 260 조정훈

출생 1972년 10월 7일

논란 2020년 9월부터 12월까지 4개월간 공무원 및 공기업 임직원 임금의 20%를 삭감하여 2조 6,000억 원의 재원을 마련한 다음 2차 재난 기본소득 지급 때 활용하자고 주장했다.

　2021년 4.7 서울시장 보궐선거에 출마를 선언한 후 시종일관 완주 의사를 견지하다 막판에 이를 번복했다. 실제로 서울시장 후보에 대한 여론에 따른 홍보 효과를 노린 것이라는 지적이 대부분이다. 자신의 공천과 재선을 위해 시대전환 정당에서 다른 당으로의 흡수합당이 결정되었다.

　윤석열 대통령의 탄핵소추 표결에 불참하자 시민들이 항의의 뜻으로 근조화환을 지역구 사무실로 배달시켰다. 그러자 조정훈 의원은 법적 조치 고소를 검토하는 것으로 알려져 큰 논란이 일어났다. 그제서야 고소할 생각이 없다고 마음을 바꿨다.

독설 철학 없는 주장, 이익 따라 춤추는 전형적 기회주의 정치.

조정훈 의원의 정당은?

261 조태용

출생 1956년 8월 29일

논란 1999년 음주운전을 하다 적발되었다. 당시 혈중알코올농도 0.061%였다. 이로 인해 벌금 70만 원을 선고받았다. 그런데 문제는 외교부에서 재직 중이던 조재용이 이런 사실이 있음에도 별도의 징계 처분을 받지 않아 많은 논란이 되었다. 조태용은 2017년 미국계 엑손모빌 자회사로부터 2년여 동안 주택임대료를 받은 사실이 도마에 올랐다. 그와 함께 청와대 국가안보실 1차장으로 재직하던 시기인 2016년 5월에도 호주 뉴질랜드 은행 서울지점과 임대계약을 맺었다.

실제로 이것이 문제가 되는 것이 유독 정치인들에게 납득하기 어려운 임대료를 지급했다는 것이다. 그에 대해서 모르쇠로 일관하였기에 많은 이들은 의심의 눈초리를 거두지 못하고 있다.

독설 음주운전 후 무징계, 외교 아닌 특혜 외교?

조태용 의원의 정당은?

262 조해진

출생 1963년 8월 4일

논란 대표적 악법 중 하나인 「단통법」을 대표 발의하여 큰 논란이 되었다. 조해진은 「단통법」이 실시되면 요금을 내릴 것이라는 주장을 시전했지만, 결론은 그런 일은 일어나지 않고 이통사들의 영업이익만 폭증했다.

「단통법」으로 인해 전 국민들이 더 비싼 가격으로 휴대폰을 사고, 이용요금을 지불하게 되었다는 비판을 받게 되었다. 규제 철폐와 이로 인한 자유경쟁을 통해 진정한 자유시장 경제, 자유민주주의를 주장했던 정당에서 내놓은 법이기에 더더욱 욕을 먹고 있으며, 지금 이 순간도 많은 국민들이 철폐해야 한다는 악법 중 하나로 거론된다.

독설 이동통신사 임원이신가요? 왜 국민 이익이 아닌 이통사 영업이익 증대를 위해 노력을 하나요?

조해진 의원의 정당은?

❀ 263 주철현

출생 1959년 3월 12일

논란 2015년 9월 14일 여수시가 당시 주철현 여수시장의 핵심공약대로 '여수 사립 외고 설립 추진위원회' 출범하자 여도학원 교직원, 학부모 및 학생과 동문의 뜻과 상관없이 여도중학교를 폐교하고 그 자리에 사립 외국어고등학교의 설립을 일방적으로 강행하려 한 것에 대해서 대대적인 시위가 이뤄졌다. 결국 2017년 8월 24일 여수 사립 외고 설립추진위원회는 결국 마지막 회의를 통해 해산하였으며, 여수 사립 외고 설립은 무산되었다.

2023년 4월 11일 전국 40여 곳에 지점을 가진 대형 프랜차이즈를 운영하는 아들에 대하여 200억 원 대의 사기대출혐의를 받았다. 「특정경제범죄가중처벌법」상 사기 등 혐의를 받는 주철현 아들 주홍원 대표와 A 이사에 대해 검출의 구속영장 청구를 모두 기각했다. 영장기각을 담당한 서울중앙지법 유창훈 영장전담 부장판사는 "관련자 진술을 비롯해 현재까지 확보된 자료들과 전반적인 사실관계를 인정하는 피의자들의 태도, 법정 심문 결과 등에 의할 때 증거인멸 내지 도망의 염려가 있다고 보기 어렵다"고 판단했다. 또 "이 사건 보증과 그에 따른 대출의 구조 등을 감안할 때 피의자의 책임 정도에 관해 방어권을 보장할 필요도 있다며 구속의 사유와 필요성을 인정하기 어렵다."라고 말했다.

독설 대출 잘 받는 방법 강의 부탁드립니다.

주철현 의원의 정당은?

❀ 264 주호영

출생 1959년 11월 2일

논란 2003년 강남구 대치동 은마아파트 매입 과정에서 다운계약서를 작성해서 논란이 되었다. 당시 주호영이 6억 5,000만 원에 구입한 은마아파트를 1억 3,500만 원으로 신고했다. 주호영은 그 사실을 인정하며 "집은 아내가 샀는데 신고서를 당사자가 일일이 하지 않고 중개사가 해 주는 대로 했다. 당시에는 법상 부동산 거래를 하면서 실거래가를 권장은 했지만 의무화하지는 않았었다."라고 반론했다.

2020년 5월 21일 문희상 국회의장이 "전직 대통령 사면에 상당한 고민이 있어야 한다"며 이명박 박근혜 사면을 거론했다. 그러면서 페이스북에 "박근혜 이명박 전 대통령에 대한 사법 처리가 아직도 현재 진행형이다. 대통령마다 예외 없이 불행해지는 대통령의 비극이 이제는 끝나야 하지 않겠는가?"라고 주장했다. 본인 지역구가 있는 대구광역시의 아파트를 팔고 강남의 아파트를 남겨두어 '똘똘한 한 채' 부동산 전략을 몸소 실천했다.

더군다나 당의 혁신위원장이 중진위원들의 험지 출마를 연일 강조할 때 주호영은 "대구에서 시작했으면 대구에서 마치는 것"이라고 강조해 자신의 기득권을 내려놓을 생각이 없다는 것을 공표했다. 그러자 대구 시민들은 대구 집 팔고 서울 집이 있으니 서울 가라고 큰 비판을 하였다.

독설 내 집은 서울, 기득권 누리는 곳은 대구

주호영 의원의 정당은?

❈ 265 지성호

출생 1982년 4월 3일

논란 대한민국의 북한 인권 운동가로 2006년 4월 탈북해 7월 대한민국으로 들어왔다. 인상적인 것은 중증 장애를 가진 몸으로 목발을 짚은 상태에서 걷기도 하고 버스, 오토바이 등 여러 교통수단을 이용하여 국경을 거쳐 무려 약 6,000km를 이동해 대한민국으로 왔고, 2018년 1월 워싱턴D.C에서 열린 도널드 트럼프 미국 대통령 국정연설에 참석해 북한 인권의 심각성을 전 세계에 알렸다. 이 덕분에 비례대표 국회의원이 되었다.

2020년 5월 1일 "김정은이 사망한 것으로 보인다. 99% 확신한다." 발언하였다. 탈북민 출신으로 비록 밝힐 수는 없지만 갖고 있다는 자기 나름의 독자적인 대북 소식통으로 인용하여 김정은 사망설을 강력주장하였으나 완전 허위로 들통나 가짜뉴스를 유포했다는 이야기를 들으며 큰 비판을 받았다.

독설 참을 수 없는 입의 가벼움. 그로 인한 사회적 손해. 구상권 청구 가능하면 당신은 파산!

지성호 의원의 정당은?

❈ 266 진선미

출생 1967년 5월 14일

논란 2016년 10월 6일 「공직선거법」상 기부행위 위반 혐의로 기소했다. 혐의는 학부모봉사단체 간부 및 학교봉사 단체 간부들에게 각각 110만 원 상당에 금품 제공, 52만 원 상당의 식사와 주류를 접대한 것이다. 물론 이 부분에 대해서는 1심부터 대법원까지 무죄가 확정되었다.

YTN 단독보도로 진선미 의원과 남편이 지인에게 수억 원 규모의 이권 사업을 알선하려 했다는 의혹이 제기되었다. 이에 대해 다리를 놔준 것은 맞지만 사업이 이뤄지지 않아 문제가 없다고 주장하였다. 여가부 장관 인사검증 과정에서 20대 국회 전반기에 직무와 관련 있는 주식을 보유한 채 의정활동을 해왔고, 이에 대한 절차를 몰랐다며 해명했다.

남성혐오 사이트인 메갈리아에 감사후원 논란을 표하고 방송에까지 나와 소라넷을 폐지시킨 것은 메갈리아의 미러링이 없었으면 불가능했다는 듣고도 믿기 힘든 망언을 하였다.

공적기금의 민간기업 투자기준에 '기업 내 여성임원이 얼마나 많은지'를 반영하도록 관련 부처 등에 협조를 요청했다. 그런데 이유가 성평등 기업일수록 연금을 투자하면 수익이 올라간다는 근거 없는 소리를 하여 빈축을 들어야 되었다.

여성가족부 장관을 지낸 진선미가 박원순 성추행 사건과 관련된 피해자에게 피해 호소인이라는 어처구니없는 단어를 사용해도 된다는 카톡 대화 내용이 공개되어 논란이 되었다.

임대차 3법 이후 전세대란이 일어나는 와중에 진선미는 아파트에 환상을 버리면 임대주택에서도 잘 살 수 있다고 말해 논란을 일으켰다. 하지만 정작 본인은 지역 최고가의 신축아파트인 레미안 솔베뉴에 거주하고 있었고, 레미안 솔베뉴는 진선미의 말 한마디에 1달도 안 되어 1억 2,500만 원이 뛰었다.

독설 말은 임대주택, 행동은 초고가 아파트, 위선의 아이콘.

진선미 의원의 정당은?

❀ 267 진성준

출생 1967년 4월 19일

논란 2019년 10월 19일 촛불개혁 촛불문화제에 참여해 당시 조국 법무부 장관이 사퇴했음에도 상대 당이 공수처 반대를 들고 나왔다며 목소리를 높였지만 가짜뉴스였다. 결국 허위사실을 공개적으로 바로잡지 않으면 법적 대응할 것이라 말하자 사죄하며, 본인이 말한 부분을 삭제해 달라며 졸렬한 행동을 하여 큰 비판을 받았다.

2020년 7월 16일 MBC 100분 토론에 출연하여 토론을 마친 뒤 마이크가 꺼지지 않은 것을 모르고 "그렇게 해도 (집값) 안 떨어질 겁니다. 부동산이 뭐 이게 어제오늘 입입니까?"라는 발언을 하여 논란이 되었다. 당시 진 의원은 해당 방송에서 집값이 잡힐 것이라고 주장하는 패널 토론자였다.

토론 프로그램에서 임대차 3법으로 인해 전월세 물량이 감소하고 전세가격이 급등하는 우려가 있다는 상대편 주장에 대해 반박하는 과정에서 한국감정원과 KB부동산 통계를 인용했다. 그런데 그 통계는 말 그대로 편향적으로 해석한 수치로 본인 당에게 유리한 부분만을 체크한 통계였다.

'1가구는 1주택을 보유, 거주해야 한다.'라는 내용의 「주거기본법」 개정안을 대표 발의하여 논란이 되었다. 전문가들은 이번 법안이 사유재산침해 우려가 있을 뿐 아니라 시장경제에 맞지 않는다 지적했다. 대다수 국민들은 우리나라가 공산국가로 변하는 거냐며 일갈했다.

독설 진성준은 바보 멍청이다. 아! 죄송 마이크가 켜진 줄 몰랐습니다.

진성준 의원의 정당은?

❀ 268 천준호

출생 1971년 2월 15일

논란 이재명 피습 사건의 범인이 태극기 집회에 참석했다는 증언에 대해서 "신원식 국방부 장관도 의원 시절 집회에 참석해 '문재인 전 대통령 목을 딴다'고 했는데 그런 발언을 듣는 사람이 지도자 목 따는 행위를 예행 연습할 수 있다고 본다"는 근거가 불분명한 주장을 하여 논란이 되었다. 2023년 1월 11일 이재명 성남FC 후원금 논란으로 검찰조사를 받고 나온 이재명을 우측에서 호위하며 나서다 이재명에게 민감한 질문을 던지는 기자를 거칠게 밀어내어 질문을 못 하게 하는 모습이 논란이 되었다.

이재명 피습 사건 당시 서울대병원이 제출한 '이재명 대표 이송 및 치료 요청 경위' 등을 종합하면 이재명이 서울대병원으로 이송하기 위해 천준호가 당직 근무 중이었던 서울대병원 응급의학과 A 교수의 휴대전화로 직접 전화를 걸어 전원 요청을 했다고 해 논란이 일어났다.

독설 당신은 국회의원인가? 아니면 이재명 호위무사인가?

천준호 의원의 정당은?

❀ 269 최강욱

출생 1968년 5월 5일

논란 조국 아들에 대한 허위 인턴증명서를 발급해 대학원 학사업무를 방해해 유죄 판결을 받았다. 'NO JAPAN, 친일척결'에 앞장섰지만 정작 본인은 일본 자동차 브랜드인 렉서스를 보유하고 있다. 검사와 법관은 공직선거에 출마하려면 1년 전에 사직해야 한다는 법안을 발의해 논란을 빚었다. 헌법에 직업의 자유와 평등권이 보장되어 있음에도 이를 무시하고 법안을 내서 명백히 위헌의 소지가 있다는 분석이 나왔다. 더군다나 최강욱 본인은 21대 총선을 한 달 앞두고 공직기강비서관에서 사퇴한 이력까지 있어서 내로남불 논란이 일어났다.

주진형 딸 주 모 씨가 21대 국회 개원 후 최강욱 의원실에서 인턴으로 근무하다 2021년 1월 8급 비서로 임용되어 논란이 되었다. 조국 사태가 아빠 찬스라는 비판이 있었는데 그래서 조국을 두둔한 거였냐는 비판을 들었다.

2022년 5월 9일 한동훈 법무부 장관 후보자 인사청문회 중 최강욱은 한농훈 후보자 딸이 한 복지시설에 노트북을 기부했다는 내용과 관련해 제시한 '엄마 찬스 노트북 기부, 거짓말?'이라는 제목의 자료에 적힌 기증자명 한**을 두고 확인을 해보니 물품을 지급 받았다는 보육원의 경우 기증자가 한 아무개로 나온다며 한동훈 딸의 이름이 아니냐는 뉘앙스로 말했다. 이에 대해 한동훈 후보자는 "아까 말씀하신 한 땡땡은 한국 3M 같다"며 "제 딸 이름이 영리법인일 수는 없다. 영수증이 한국 3M으로 돼있기 때문에 확인해 보셨으면 좋겠다."라고 밝혔다. 결국 이 당시 인사청문회는 개그콘서트가 망한 이유를 알 수 있었다는 국민들의 볼멘소리가 나왔다.

독설 누군지 말하지 않고 당신에게 자료를 주었다. 그리고 당신은 대노했다. 뭐 이런 놈이 다 있냐고? 그리고 나는 그 존재를 말했다. 그 사람은 최강욱이라고.

최강욱 의원의 정당은?

❀ 270 최기상

출생 1969년 10월 7일

논란 2023년 9월 김명수 대법원장 퇴임을 앞두고 최기상은 대통령이 지명할 대법원장 후보자의 추천을 사실상 박탈하고 대법원장후보추천위원회에서 지명하도록 하는 법안을 발의해 큰 논란을 빚었다. 이 논란이 문제가 된 것은 헌법이 규정한 대통령의 대법원장 임명권을 흔드는 것이라 위헌 소지에 대한 논란이 나올 수 있고, 현 대법원장을 지렛대로 삼아 자신들의 입맛에 맞는 대법원장을 선임해 당의 사법부 장악을 할 수 있는 법안이라 많은 이들의 비판을 받고 있다. 더군다나 최기상은 김명수와 함께 우리법연구회 출신이었다. 그래서 그런지 몰라도 그동안 김명수 사법부의 대한 비판은 거의 없었다고 해도 무방하다.

윤석열 대통령이 우크라이나 방문 중 국내에서 수해가 일어나자 "수해 중에도 귀국하지 않았다"며 '컨트롤타워 부재'라고 비판했는데 정작 자신들은 전국적인 폭우 피해가 속출하는 상황에서 베트남 라오스로 해외출장을 다녀 큰 지탄을 받았다.

독설 권력 무죄! 무권력 유죄! 이게 당신들의 세상이 아닐까?

최기상 의원의 정당은?

❀ 271 최승재

출생 1967년 7월 11일

논란 소상공인희망재단과 소상공인연합회간 센터건립 관련 사업비를 지급했는데, 사업비 4억 4,000만 원의 지출 내역이 누락되고 일부를 사적인 용도로 사용했다는 이유로 고소당했다.

2019년 3월 무혐의 처분을 받았으나 최저임금 인상에 따른 강한 반발에 따른 검찰의 몰염치한 탄압 프레임에 대한 보복수사였다는 논란으로 여야 대치가 일어난 상황에서의 결론이었다. 실제 이 고소 사건 이전 최승재는 2014년 소송공인희망재단 비상근이사로 재직했던 당시 이사장 등 3인과 18개월 동안 재단으로부터 총 1억 7,000만 원을 부당하게 받아서 사용했다는 전과가 있기에 뒷맛이 개운치 않다는 의견이 지배적이다.

2016년 최순실 게이트가 드러나 대표자들이 재판을 받아 와해된 것으로 보이는 국회개혁범국민연합에 최승재가 회장으로 있었던 소상공인회 역시 발기인에 포함되어 큰 논란이 일었다.

독설 소상공인을 위한 봉사였나? 아니면 정계 진출에 교두보 역할의 직함이었나?

최승재 의원의 정당은?

❀ 272 최연숙

출생 1960년 7월 25일

논란 국회 여성가족위원회 최연숙 의원이 「양성평등기본법」 일부 개정법률안을 대표 발의했다. 주요 내용은 여성가족부 장관이 군인, 경찰 등 예비공직자 등에게 젠더 성인지 교과과정을 개설토록 하는 내용이다. 그런데 이 법안이 문제가 되는 것은 현재 '성인지 감수성'이란 기준이 모호하고 추상적이고, 성범죄 관련 재판 결과도 판사에 따라 달라지고 있어 논란이 되고 있다. 성인지 감수성 개념에 대한 정의도 잡히지 않는 상황에서 성인지 예산은 점점 늘어 거의 35조억 원으로 확정되었다.

이렇게 젠더이데올로기가 성인지, 성주류화 정책이라는 명목으로 사회 전반에 걸쳐 스며들고 있고, 강자와 약자 혐오와 차별 프레임을 통해 남성 혐오, 가정 해체, 동성애 옹호 주장, 청소년들의 성적 타락, 낙태, 저출산 등의 풍조를 부추기고 있다는 지적이 많다.

독설 35조 예산으로 문제를 키우고 책임은 피하는 정치.

최연숙 의원의 정당은?

❀ 273 최인호

출생 1966년 10월 15일

논란 1989년 10월 19일 당시 부산 울산지역 총학생협의회 의장이었던 최인호는 다른 부산 울산지역 총학생협의회 간부들과 함께 부산 울산지역 총학생협의회 선전국장인 김 모 씨를 감금, 구타하며 프락치임을 자백하라고 강요한 혐의를 받았다.

1990년 9월 12일 특수공무집행방치상, 중감금치상, 「폭력행위처벌에 관한 법률」 위반, 「집회 및 시위에 관한 법률」 위반, 「화염병 사용 등의 처벌에 관한 법률」 위반, 「노동쟁의조정법」 위반, 「국가보안법」 위반 등 혐의로 징역 2년, 자격 정지 2년을 선고받고 1993년 3월 5일 특별사면 복권되었다.

2002년 4월 12일 음주운전으로 벌금 150만 원을 선고받았다.

독설 7080 운동 경력이 권력이 되고, 지금은 자신의 기득권을 위한 운동을 하는 것이 아닐까?

최인호 의원의 정당은?

❀ 274 최종윤

출생 1966년 2월 27일

논란 성범죄에 연루되어 자살한 前 서울시장 박원순 장례 이후 다시 "우리는 여성인권운동가 박원순에 많은 빚을 졌다"며 SNS에 추모글을 게시하였다. 박원순 서울시장 정무수석비서관을 역임한 바 있어 개인적 추모는 할 수 있지만 엄연히 성폭력 피해자가 존재한 상황에서 경솔했다는 비판을 받았다.

독설 여성인권을 외치며 성범죄자는 추모하는 이중적 태도.

최종윤 의원의 정당은?

❀ 275 최춘식

출생 1956년 3월 14일

논란 2013년 12월 위례신도시 보금자리 아파트를 특별분양 받았다. 하지만 2014년 1월 입주 시기 이후 거주하지 않아 3년 실거주 의무를 지키지 않았다는 의혹을 받았고, 한국토지주택공사는 해당 아파트에 대해 환수조치에 나섰다. 최춘식은 2022년 8월 LH를 상대로 반환을 거부하는 '채무부존재 확인' 소송을 냈지만 1심에서 패소했다.

최춘식은 코로나 19는 일반 감기 수준으로 안전한 질병이라고 주장했다. 또한 코로나에 감염된 후 자연적으로 항체가 생기는 자연면역이 더 효과가 있다며 코로나 사태의 답이 백신이 아닌 자연면역에 있다고 주장하고 방역패스 철회를 요구하는 결의안을 발의했다. 그 근거로 백신 접종자의 재감염 확률이 자연면역자의 6배라는 질병관리청 자료를 제시했는데, 미국 질병통제예방센터는 백신 보호 효과가 자연면역보다 우월하다는 상반된 결과의 연구 결과를 내놓았다.

2022년 1월 2일에는 "감기의 주원인 중 하나가 코로나 바이러스니 코로나 19의 명칭도 그냥 감기로 바꿔야 한다"는 주장을 했다. 그러면서 자료를 내놨지만 너무 큰 오류를 범해 많은 이들에게 비판받았다.

독설 당신의 백신 접종 반대로 인해 죽은 사람은 누구에게 하소연하는가?

최춘식 의원의 정당은?

❀ 276 최형두

출생 1962년 10월 23일

논란 윤석열의 계엄 선포에 대해 "절박감과 고립감에서 비롯된 오판"으로 보인다고 지적하며 특히 계엄을 단순히 '경고성 조치'로 언급한 점은 국민과 국회를 경시하는 태도로 비칠 수 있다고 비판했다. 다만 계엄 해제를 신속히 결정한 것은 "국제적 비난과 국내적 갈등을 줄이는 데 긍정적으로 작용했다"고 말했다. "탄핵이 정국 혼란을 증폭시키고 경제적 불확실성을 초래할 위험성을 고려해야 한다"고 주장했다. 그와 함께 김건희 여사 특검법에 대해서도 특검이 정치적 도구로 이용될 가능성이 크다며 반대 입장을 나타냈다.

독설 계엄을 경고성 조치로 쓰는 대통령이 가장 큰 정국 혼란 주범 아닐까?

최형두 의원의 정당은? _____

❀ 277 최혜영

출생 1979년 6월 1일

논란 발레리나 출신이었지만 2003년에 교통사고에 따른 하반신 마비 척수 장애를 입으면서 사회복지학도가 되었다. 이후 장애인식개선교육센터 이사장 겸 강동대 사회복지학과 교수로 활동하고, 인재 영입 1호 비례대표로 국회의원이 되었다. 2021년 8월 13일에 위안부 피해자, 유족에 대한 명예 훼손에 대해 처벌 뿐 아니라 위안부 관련 단체에 대한 사실적시에 의한 명예훼손도 금지하는 방안의 위안부 왜곡 처벌법을 발의해 큰 이슈를 만들었다. 위안부 왜곡 처벌법으로 불리나 당시 윤미향이 정의연대에서 횡령한 금액에 관한 재판이 있었기에 윤미향 보호법이라 하여 큰 비판을 받았다.

2020년 2월 24일 사회복지업계 등에 따르면 최혜영 당시 교수는 2011년 장애인 럭비선수 정낙현 씨와 결혼하였으나 2019년에야 혼인신고를 한 것으로 밝혀졌다. 이에 따라 혼인신고 전 약 8년 동안 남편 정낙현 씨가 기초생활수급 대상자로 분류돼 기초생활비를 부정 수급했다는 의혹이 일었다. 그 당시 최혜영 부부가 이렇게 받은 금액이 무려 4~5억 원에 이를 것으로 보여 큰 논란을 일으켰다. 2020년 9월 14일 코로나 19 재확산으로 정부 여당이 추석 방문 자제를 요청했지만, 국회의사당 인근에서 술 파티를 벌여 큰 비판을 받았다.

2020년 의료인 파업 금지를 골자로 하는 「의료법」 개정안을 발의했다. 부당한 근로 조건에 항거하기 위해 파업을 해도 3년 이하의 징역 혹은 3,000만 원 이하의 벌금에 처해질 수 있는 법안으로 「헌법 33조」를 위반하고 있다는 비판을 받았다.

무면허 운전 전과로 벌금 100만 원 판결을 받았다.

독설 부정수급 4억에서 5억, 무면허 운전 이게 인재의 요건인가?

최혜영 의원의 정당은?

❀ 278 추경호

출생 1960년 7월 29일

논란 미국계 사모펀드인 론스타가 지난 2003년 10%가 넘는 외환은행 지분을 사들이도록 금융당국이 '예외 승인'을 해주는 데 추경호 부총리 겸 기획재정부 장관 후보자가 주도적으로 관여한 것으로 보이는 것으로 보이는 물증이 드러났다. 이후 2006년 3월 22일에 당시 금융시장 안정을 위해 시급히 해결해야 하는 외환은행 부실 문제는 론스타의 자본 참여 외에 다른 대안에 없는 상황이었다. 밀실에서 비밀리에 결정되고 이뤄진 것은 아니다. 그러한 결정에 동참했던 것을 전혀 후회하지 않는다고 입장을 밝혔다.

추경호 후보자의 딸이 파견직 입사 당시 지원서에 아버지 이름과 나이를 기재한 것으로 확인되면서 아빠 찬스 의혹이 불거졌다. 실제로 무기계약직 채용 당시 추 씨의 필기평가 점수가 만점의 절반도 안 되는 점수였기 때문에 논란이 커졌다.

배우자와 함께 전입신고한 아파트 월세와 관리비를 정치자금으로 내온 것이 SBS 취재 결과 드러났다. 6년 동안 납부된 액수가 5,000만 원이 넘는 것으로 확인되었다.

코로나로 인해 정부에서 추경예산을 편성할 때마다 목소리를 높여 문재인 정부를 압박했지만, 초대 경제부총리로 임명된 후 사상 최대 규모인 59조 4천억의 추경을 편성해 내로남불 논란이 일었다.

독설 너 아버지 뭐하시노? 추경호입니다. 합격.

추경호 의원의 정당은?

✼ 279 태구민(태영호)

출생 1962년 7월 25일

논란 태구민 의원이 육성으로 이진복 정무수석이 한일외교 옹호하면 공천에 문제없을 것이다 발언한 녹취록이 공개되었다. 대통령이 공천 개입을 했다는 논란이 일어 결국 최고의원 사퇴에까지 이어졌다.

심성은 관련되어 정부에서는 북한 내 특이 동향이 없다는 입장을 고수했지만, 태구민은 "김 의원장이 스스로 일어서거나 제대로 걷지 못하는 상태라고 본다."라는 발언을 하였다. 실제 한미 정보 당국은 4월 15일 태양절(김일성 주석 생일) 전에 강원도 원산으로 이동했으며, 신변에 아무런 이상이 없다는 판단을 일찌감치 하였다. 하지만 탈북민 출신의 고위층이었던 태구민의 주장은 여러 언론사에서 대서특필하며 보도가 되었고, 결론적으로는 태구민의 판단 오류로 적지 않은 파장을 일으켰다.

홍범도 장군 관련되어 소련과 연관이 있기에 흉상 설립이 부적절하다고 주장했다. 하지만 결론적으로 자신에게 대비시키면 자신 역시 국회의원 자격이 없다는 말이 된다. 그런데 더 어처구니없는 것은 예전에는 홍범도 장군을 옹호하는 주장을 했었다는 사실이다.

독설 고위층 신분으로 탈북한 것이 스펙 되어 국회의원 된 것인가?

<u>태구민 의원의 정당은?</u>

❀ 280 하영제

출생 1954년 2월 25일

논란 2022년 3월 6일 선거일로부터 30일 이내에 중앙당사와 도 당사 외에서는 집회할 수 없다는 「공직선거법」 규정을 어기고 20대 대통령선거를 사흘 앞둔 2023년 3월 6일 사천, 남해, 하동 지역 사무실 3곳에서 150명 참석 당원집회를 열었다. 그래서 1심에서 벌금 80만 원형을 선고받았다.

2023년 3월 20일 「부정청탁 및 금품 등 수수의 금지에 관한 법률」 위반 혐의로 구속영장을 청구했다. 혐의는 제8회 전국동시지방선거를 앞두고 경상도 도의원 선거 예비 공천을 도와주는 대가로 7천만 원을 수수했고, 자치단체장과 보좌관 등으로부터 지역 사무소 운영 경비 등의 명목으로 5,750만 원을 받은 것에 대한 혐의였다.

이에 따라 하영제 체포동의안 관련되어 국회 본회의에서 투표를 하였고, 가결되었다. 그런데 아이러니하게도 영장심사에서 영장기각이 나왔고, 불구속 기소되며 재판을 진행하고 있다.

독설 구속영장 기각 후 불구속 기소, 정치적 면죄부인가?

하영제 의원의 정당은?

❀ 281 하태경

출생 1968년 4월 26일

논란 문창극이 국무총리 후보 검증 과정에서 논란이 된 과거 발언 "식민지배는 하나님 뜻"을 옹호하여 이러한 그의 역사관이 "아주 낙천적이고 건강함을 알 수 있었다"고 발언했다. 또한 "위안부 사과 필요 없다는 발언은 파격적 발상", "제주 4.3 운동을 폭동으로 규정한 것은 지당한 이야기" 등의 발언을 하여 역사 인식 논란이 일었다.

2016년 총선에 출마하는 윤상직 전 산업통상자원부 장관에 선거 조직을 넘겨주는 대가로 후원을 받는 이면거래를 시도했다는 의혹이 제기되었다. 하태경 의원이 소속되었던 해운대구 기장구 을에서 기장군이 분리될 필요 없어진 기장군 조직을 '쪼개기 후원'을 대가로 당시 기장군에 출마 준비 중인 윤 전 장관에게 넘기려 한 의혹이다. 하태경은 의혹을 사실상 시인했고, 사실상 미수에 그쳤지만, 「정치자금법」 위반 사항으로 위원직 상실까지 이어질 수 있는 중대범죄다. 다만 추후 선거조직 보좌관이 「선거법」 위반 확인하고 논의를 중단했다고 말하면서 넘어갔다.

「공직선거법」 개정안 등의 패스트트랙(신속처리안건 지정) 과정에서 손학규 대표를 향해 하태경은 "대표로서 성실한 당무 수행을 거부하고 있다. 한 번 민주투사가 되면 당 독재를 하는 경우도 있다. 왜냐하면, 나이가 들면 그 정신이 퇴락하기 때문에 개인 내면의 민주주의를 가장 지키기 어렵다."라는 무례한 발언을 해 많은 논란을 일으켰다.

고등학교 기말고사 중 일본 오염수 관련 시험문제 원문을 제출하라는 요구 자료를 시도교육청에 보냈다. 교육계에서는 "국회의원이 학교 시험지 검열까지 나선 것 아니냐"는 비판을 받았다.

독설 당신의 국회의원 자격상실은 국민의 뜻

<u>하태경 의원의 정당은?</u>

❀ 282 한기호

출생 1952년 10월 1일

논란 2011년 10월 12일 국회 본회의장에서 행정고시 일반 행정직 수험생의 수험번호와 함께 "3차 면접만 남았는데 행안부 쪽 면접 관련 부서나 면접관들에게 부탁 좀 힘써주시면 감사하겠습니다."라는 청탁 문자를 보냈다. 이에 따라 처벌해 달라는 진정서를 제출했지만, 국회의원에게 청탁이 많이 들어오며 아는 사람이 문자를 보냈고 안 받아주면 그만이라는 식으로 발뺌을 하였고, 결국 무혐의 처분되었다. 전두환의 5.16 쿠데타에 대한 평가에 대해서는 "5.16 쿠데타는 쿠데타"라면서도 "그러나 역사적으로 시간이 흐른 이후에 그것이 결론적으로 구국의 국익의 혁명일 수 있다. 그래서 역사적인 사건을 현재 시점에서 정의하는 것은 아직 좀 기다려 볼 필요가 있다"는 말을 하여 전두환을 두둔한 것이 아니냐는 논란이 일었다.

세월호 침몰 사고 당시 본인 페이스북에 "북한의 지령에 놀아나는 좌파단체가 정부 전복 작전을 전개할 것"이라며 색깔론을 펼쳤다. 2014년 5월 18일 자신의 페이스북에서 5.18 민주화운동에 대해서는 "북한은 왜 우리나라의 기념일인 5.18을 기념하는가?"라는 발언을 하여 큰 논란을 일으켰다.

윤석열 계엄령에 따른 윤석열 탄핵 반대를 하였고, 추후 윤석열이 한기호를 국방부 장관으로 임명하려 했으나 고사했다.

독설 전두환에 이어 윤석열 계엄령조차 추후 역사적으로는 구국의 판단이라 생각하는가?

<u>한기호 의원의 정당은?</u>

❋ 283 한무경

출생 1958년 5월 20일

논란 2023년 3월 24일 국회 상임위 회의에서 한무경 의원이 2023년 한일정상회담과 윤석열 대통령을 두둔하며 "한일합방이 누구의 잘못이냐. 이제는 우리나라도 이런 '예스와 노'의 이분법 사고에서 벗어나야 된다고 생각한다"며 "1910년 한일합방은 우리나라가 힘이 없어서 당했다. 그런데 이제는 우리나라가 일본 못지않게 힘을 키웠고, 또 일본보다 어떤 분야에서는 더 강하기 때문에 우리 윤석열 대통령께서 통 크게 할 일 정상회담에서 손을 먼저 내민 것이 아닌가 생각이 는

다"고 주장해 국민들을 아연실색하게 만들었다.

독설 국민도 이제 예전에 비해 발언이 세졌다. 그래서 국민은 높으신 한무경 국회의원에게 말한다. "당신은 국회의원 자격 없다."

<u>한무경 의원의 정당은?</u>

✿ 284 한병도

출생 1967년 12월 7일

논란 2018년 제7회 전국동시지방선거 때 송철호 후보를 울산광역시장에 당선시키기 위해 상대 후보이자 당시 시장인 김기현을 낙선시키려 경찰에 수사를 지시하고, 당내 후보 임동호에게 공직을 제안하며 경선을 포기시킴으로써 선거 과정에 개입했다는 의혹이 일었다. 임동호 본인은 이를 부정하였으나 압수수색 과정에서 한병도 전 청와대 정무수석이 「공직선거법」 위반 혐의로 피의자로 입건된 일이 일어났다. 울산시장 관련된 1인 중 한 명인 한병도는 범죄 혐의 수사를 받고 있음에도 불구하고 공천되고, 결국 국회의원 당선이 되었다.

독설 권력의 지시와 복종. 그리고 법의 심판 전 그는 정치적 면죄부를 받다.

<u>한병도 의원의 정당은?</u>

✿ 285 한정애

출생 1965년 2월 9일

논란 2021년 6월 4일 26회 환경의 날 기념식에서 비대면 거리 두기를 위해 몇몇 인사들을 실시간 온라인으로 초청하였다. '미래세대를 위한 탄소중립'이 주제였는데 이 당시 환경부가 일부 청년단체에 돈을 줄 테니 다 같이 구호를 외치거나 손을 흔들거나 웃고 있는 영상으로 보내달라고 하였다. 의견을 담는 영상이 아닌 손 흔드는 장면 몇 컷, 정해진 '미래세대를 위한 탄소중립 외치는 것 하나, 다 같이 웃는 장면 하나'가 필요하다고 요청했다. 실제로 온실가스 감축 목표 강화에 대한 메시지를 내고 싶다고 했지만 거절당했다.

미래세대를 위한 탄소중립 제도지만 정작 청년 단체는 이미지로만 쓰였다.

독설 청년 단체는 이미지 소모품, 진정성 없는 탄소중립

한정애 의원의 정당은?

❀ 286 한준호

출생 1974년 2월 10일

논란 2021년 11월 17일 "두 아이의 엄마 김혜경 vs 토리 엄마 김건희 영부인도 국격을 대변합니다. 도이치모터스 주가 조작 개입 사건, 본인이 운영하는 코바나콘텐츠 불법협찬 사건, 허위학력 제출 의혹, Yuji 논문 범죄 혐의 가족을 청와대 안주인으로 모셔야 하나."라고 페이스북에 올려 출산 갈라치기 논란을 빚었다. 당시 윤 후보 부부는 유산한 경험이 있었기에 역풍을 받았다.

뒤늦게 오해의 소지를 일으켜 사죄했지만 텔레그램에서는 기자들이 크게 부풀러 보도했다며 억울함을 호소해 사과의 진정성 논란이 일었다.

독설 이제 출산 유무까지 갈라치기하는 사회가 되어야 되는가?

한준호 의원의 정당은?

❀ 287 허영

출생 1970년 3월 29일

논란 법안 상정을 요구하는 의원들을 향해 "준연동형 비례대표제의 산식을 알고 있느냐"고 물었고, 허영은 "국민들은 그 산식을 알 필요가 없다. 국민들이 산식을 알고 투표하는가. 국민들은 정당과 지역 의원들에게만 투표하면 되는 것"이라고 반박하며 논란이 일었다. 결국 입장문을 내며 사과하고 정개특위 의원에서 사퇴했다.

독설 그런 생각을 가졌기에 깜냥 안 되는 당신이 뽑힌 것 아닐까?

허영 의원의 정당은?

❀ 288 허은아

출생 1972년 5월 26일

논란 음주운전으로 2006년 5월 벌금 100만 원, 2009년 11월 벌금 200만 원의 처벌을 받았다. 이로 인해 공천 과정 속에서 논란이 있었으나, 일부 위원들의 강력한 비호 끝에 허은아의 공천을 확정 짓고 비례로 국회의원이 되었다.

어렸을 때 실수더라도 구구절절 변명하고 그럴 일은 아닌 것 같다고 말하며 반성의 의미로 2023년 영등포 경찰서로 찾아가 운전면허증을 반납했다.

독설 운전면허증 반납으로 마무리. 그들만의 음주운전 책임 자세.

허은아 의원의 정당은?

❀ 289 허종식

출생 1962년 2월 8일

논란 '전당대회 돈 봉투 살포 사건' 관련되어 현역의원으로 허종식 의원의 국회 사무실과 주거지 등을 압수수색 했다. 2021년 4월 28일 국회 외교통일위원회 소회의실에서 윤관석 의원에게 300만 원씩 돈 봉투를 수수한 혐의를 받고 있다.

이정근 녹취록에 윤관석 의원과의 대화 속 "인천 둘하고 종성이는 안 주려고 했는데 '형님, 우리도 주세요.'라고 해서 3개 뺏겼어."라는 대목이 나온다. 인천 둘 중의 한 명이 허종식 의원이라고 이정근이 확인하였다고 말했다.

독설 입만 열면 거짓, 행동은 뒷거래.

허종식 의원의 정당은?

290 홍기원

출생 1964년 12월 13일

논란 일본의 후쿠시마 원전 오염 처리수 해양 방류에 대한 정부대응과 육군사관학교 홍범도 장군 흉상의 이전 결정을 두고 윤석열 정권을 '신 친일파'로 규정하여 맹비난하였는데 정작 민생경제위기대책위원회 소속 홍기원은 서울 한 식당에서 싱하이밍 대사와 비공식 만찬을 하였다. 이것이 문제가 된 것이 싱 대사는 이재명 대표를 만나 관저에 초청해 "미국이 승리하고 중국이 패배할 것에 베팅하는 것 잘못된 판단"이라며 한국 정부의 외교정책 방향을 일방적으로 비난했다는 점이다.

독설 친일, 친미도 문제지만 친중, 친러, 친북 역시 국민들은 문제라고 생각한다.

홍기원 의원의 정당은?

291 홍문표

출생 1947년 11월 17일

논란 자신의 사돈을 의원실 4급 보좌관 자리에 앉혀 논란이 되었다. 2018년 4월 25일 자로 며느리의 오빠 김 모 씨를 국회 4급 보좌관으로 등록시켰다. 시사저널 보도에 따르면 IT 관련 개인사업을 하던 김 모 씨는 보좌관 채용 후 1년 가까이 국회에 제대로 출근도 하지 않았고, 실제로 의원실 내 그의 자리조차 마련되어 있지 않아 큰 논란이 일었다. 홍문표의 해명은 국회에서 1.5km 떨어진 다른 사무실에 출퇴근하며 국회 업무를 수행해 와 문제가 없다고 말했다. 현행법상 홍문표 의원의 사돈 보좌관 채용 건은 문제가 되진 않지만, 도의적으로는 충분히 문제의 소지가 있다는 지적이 나왔다.

코로나 19로 집회가 금지되고 있는 가운데 전광훈 목사가 주최한 광화문 집회에 참석하여 논란이 되었다. 해명으로는 지역구 주민들에게 잠시 인사를 하기 위해 10분가량 머물렀고, 공개발언도 하지 않았다고 해명하였다. 하지만 그 해명 자체는 거짓으로 드러났다.

독설 국회의원의 보너스 수당. 가족들 직장 꽂아주기!

홍문표 의원의 정당은?

❈ 292 홍석준

출생 1966년 5월 17일

논란 21대 총선 당시 당내 경선 중 총선 예비후보자 시절 「공직선거법」상 본인만 전화 홍보를 할 수 있는 규정을 어기고 자원봉사자들을 시켜 120여 통의 홍보전화를 한 혐의와 선거원 동원으로 등록되지 않는 자원봉사자 1명에게 322만 원을 지급한 혐의를 받아 기소당했고, 1심에서 700만 원 항소심 선고에서 벌금 90만 원으로 국회의원직을 유지하게 되었다.

시각장애인 김예지 의원을 비하하는 뉘앙스의 발언을 해 논란이 일었다.

홍석준은 김현정의 뉴스쇼에서 "김예지 의원 빼고는 전부 비정치인인데 어떻게 평가하냐"라는 질문에 "비정치인을 하겠다. 중도, 수도권, 청년, 여성 이렇게 우대하겠다. 이렇게 예상은 했었지만 훨씬 더 강하게 정치인은 배제한 것 같다"며 "사실 또 김예지 의원도 어떻게 보면 정치인이라기보다는 조금 몸이 불편하신 장애인을 대표하는 그런 성격도 있다"고 말했다.

독설 국민 대표가 아닌 특권 대표인가?

홍석준 의원의 정당은?

❀ 293 홍성국

출생 1963년 2월 24일

논란 2016년 여고생을 대상으로 한 강연에서 "독도는 우리 땅이라고 노래하는 것보다 애를 하나 더 낳는 게 중요하다."라고 말해 여성비하 논란이 일었다. 2019년 2월에는 자신의 SNS에 노래방, 찜질방과 함께 룸살롱을 언급하며 "이런 방들은 지난 20년간 내수의 견인차"라는 글을 올렸다. 2019년 5월 중소벤처기업부 북콘서트에서도 "둔산 화류계에 아무것도 없더라", "언제까지 밤에 허벅지만 찌를 것이냐"는 발언을 하였다. 또한 2020년 2월 경제 관련 강연 중 "소유가 늘면 행복해진다. 아내도 한 명보다는 두 명이 낫다"는 발언을 하였다.

독설 성희롱 삼진아웃제가 있다면 당신은 정계에서 아웃이다.

홍성국 의원의 정당은?

❀ 294 홍영표

출생 1957년 4월 30일

논란 친일반민족행위자 708인 명단에 수록된 일제강점기 조선총독부 중추원 참의였던 대표적 친일반민족행위자 홍종철의 손자이다.

2018년 7월 13일 한국여성경제포럼에 참석해 한 발언이 큰 논란을 일으켰다.

"삼성이 작년 60조 원의 순이익을 냈다. 60조 중 20조만 풀면 200만 명한테 1,000만 원씩 더 줄 수 있다. 삼성이 60조 벌기 위해서는 삼성 1차, 2차, 3차 협력업체 쥐어짜고 쥐어짜야 한다. 그것이 오늘의 세계 1위 삼성을 만든 것이다."

문재인 정부가 투입한 일자리예산이 41조라고 주장했는데 기획재정부에 확인한 결과 일자리와 관련된 예산은 54조가 맞았다. 통계 자체를 잘못 가지고 방송에 나와 가짜뉴스를 만든 꼴이 되어 많은 논란을 빚었다. 2018년 12월 4일 시민단체가 기자회견을 열고 영수증 이중제출로 국민세금을 빼 쓴 국회의원 26명의 명단을 공개했는데 홍영표가 1,936만 원으로 가장 많았다. 2022년 6월 5일 북한이 동해상으로 SRBM 8발을 발사해 대남무력도발을 감행한 상황 속 같은 당 사람들과 함께 골프를 치러 간 거로 밝혀졌다. 심지어 홍영표 혼자 현금으로 100만 원 내고 가명까지 써 가며 골프까지 쳤다.

독설 친일 후손에, 논란 제조기라니 유전인가?

홍영표 의원의 정당은?

❀ 295 홍익표

출생 1967년 11월 20일

논란 2013년 7월 11일 원내대변인으로 "일본 제국주의가 세운 민주국의 귀태(태어나지 않아야 할 사람) 박정희와 기시노부스케가 있는데, 아이러니하게도 귀태의 후손들이 한국과 일본의 정상으로 있다."라고 말했다. 바로 박근혜 대통령과 아베 총리를 말해 큰 논란을 일으켰고, 결국 원내대변인직에서 사퇴를 하였다.

국회 세미나실에서 있었던 '긴급토론회- 5.18 망언과 극우정치 어떻게 극복할 것인가' 토론회에서 20대의 대통령 지지율이 급락하는 이유에 대해서 60~70년대 박정희 시대를 방불케 하는 반공교육으로 그 아이들이 지지하지 못한다는 식. 말 그대로 20대가 자신의 당을 지지하지 않는 이유는 제대로 된 교육을 받지 못해서 그랬다는 뉘앙스라 많은 비판을 받았다.

청와대 특별감찰반 비위 논란 및 신재민 전 기획재정부 사무관 폭로 사건과 관련해 "꼴뚜기(김태우)가 뛰니 망둥이(신재민)도 뛴다"며 그들을 향한 인신공격성 발언을 하면서 많은 비판을 받았다. 그리고 신재민 사무관이 극단적인 선택까지 하며 더더욱 욕을 먹었다.

2019년 2월 27일 김어준의 뉴스공장에 출연해 "하태경 의원과 자꾸 엮이는 게 좋지 않은 게 소수 정당이잖아요. 저는 1당의 수석대변인인데. 왜냐하면, 이 사람은 하며 하태경 의원을 미니정당이고, 영향력도 없는 정당인데 하며 자꾸 정치적 논란을 만들어서 자기 몸값을 올린다고 하는데, 정치 그런 식으로 하면 안 된다"고 훈계하듯 이야기했다.

독설 당신을 보며 극우가 되는 이유를 알았다!

홍익표 위원의 정당은?

❀ 296 홍정민

출생 1978년 11월 24일

논란 고양시 신청사 문제를 둘러싼 지역갈등이 끊이지 않고 있는 가운데 일산동구를 지역구로 둔 홍정민이 처음으로 백석 이전 찬성 입장을 밝혀 파장이 일었다. 본인의 페이스북 계정에 "고양시 신청사를 백석동 업무빌딩으로 이전하는 것에 찬성 입장을 밝힙니다."라며 찬성 입장을 공개적으로 선언했다.

 행정적 법적 절차도 지키지 않는 이동환 시장의 일방적 발표에 홍정민 의원까지 찬성 입장을 밝힌 상황이라 신청사 문제의 핵심 키를 쥐고 있는 시의회에 영향력 행사가 가해질 수 있어 비판을 받았다.

독설 법과 절차 무시. 국민 의견은 애당초 들을 생각 없었구나!

홍정민 의원의 정당은?

❀ 297 홍준표

출생 1954년 12월 5일

논란 대학교 1학년 때 여학생에게 돼지 발정제 먹여 성범죄 모의를 했다는 논란이 일었다. 실제로 본인이 쓴 회고록에 적은 글이다. 2003년 5월 15일 참여정부 당시 "야당은 경제 잘되게 하는데 신경 쓸 필요 없다. 경제가 나빠야 여당 표가 떨어지고 야당이 잘 된다."라는 발언을 하였다.

 공무원 사기 진작(?)을 위해 골프대회를 개최하였다. 여론은 좋지 않았지만 등산, 테니스는 되고 골프는 안 되냐며 단순 체육대회로 문제 될 게 없다고 일축했다.

하지만 청주에서 지하차도 침수로 14명이 익사하는 사고가 터지고 대구 역시 비가 적게 오는 상황도 아닌 상황에서 골프를 치러 간 것이기에 논란이 크게 붙었다. 하지만 홍준표는 당당하게 대구시는 재난 대비 매뉴얼에 어긋난 행동을 한 일이 없다며 자신은 문제없다는 식으로 입장을 고수했다.

하지만 결국 국민여론이 점점 안 좋아지자 고개를 숙이며 사죄했다. 2023년 4월 10일 CBS 라디오에서 김현정 진행자와의 전화 인터뷰 내용 중 한동훈 법무부 장관의 총선 출마 여부를 둘러싼 질문에 불쾌하다는 반응을 보이며 전화 인터뷰를 도중에 끊어버려 논란이 일었다.

대구시 산하기관과 관계기관장에 홍준표 대구시장 고교 동기가 잇따라 채용되면서 비판이 나왔다. 더군다나 대구미술관장으로 확정 공고된 노중기 작가는 애초 전시계획이 없던 홍준표의 초상화를 걸어 논란을 빚었다.

독설 남에게는 사이다 독설, 자신은 벽창호. 자신이 불편하면 생방송 도중 전화 인터뷰를 끊는데 과연 국민을 위한 정치를 할 수 있을까?

홍준표 의원의 정당은?

❀ **298 황보승희**

출생 1976년 4월 22일

논란 황보승희의 신청으로 펭수 캐릭터 연기자를 EBS 국감 참고인으로 채택하여 논란이 일었다. 많은 논란이 일자 제가 관심받고 싶어서나 펭수를 괴롭히고자 함이 절대 아니라며 나오지 않아도 된다며 발을 뺐다. 「한국일보」의 단독보도로 부동산 개발업체의 회장으로부터 불법적인 후원을 받았다는 의혹이 드러났다. 후원자 측은 황보승희와 사실혼 관계이기 때문에 경제공동체로서 문제가 없다는 입장이었지만 정작 문제는 황보승희는 기혼자였다는 사실이다. 결국 불륜을 한 것이다.

또한 추가 보도를 통해 황보승희에 대한 육성파일이 공개되었는데, 국회의원 당선 뒤 불법 자금수수를 인정하는 취지의 발언을 하였고, 내연남 카드로 명품백에 속옷까지 결제한 의혹까지 나왔다.

그 밖에도 황보승희는 「정치자금법」 위반 혐의로 불구속 기소되었다.

독설 펭수로 관심 끌고, 결국 불법과 스캔들만 남았다.

황보승희 의원의 정당은?

❀ **299 황운하**

출생 1962년 9월 10일

논란 2017년 10월 황운하는 김기현 측근에 대한 수사에 미온적인 경찰관들을 인사조치하고, 김기현 측근에 대한 수사를 진행하는 방법으로 선거에 영향을 미쳤다. 2020년 1월 16일 경찰 신분을 가지고 있는 상태에서 정당에 입당하였다. 법리 싸움으로 결론은 무혐의 처분되었지만 많은 이들에 비난을 샀다.

2020년 7월 자신의 지역구에 있는 대전광역시에 폭우가 내리고 있다는 보도를 배경으로 한 채 다른 국회의원들과 함박웃음을 짓는 사진에 대한 논란이 불거졌다.

독설 법리 싸움으로 무혐의? 하지만 국민의 신뢰는 이미 잃었다.

황운하 의원의 정당은?

❀ 300 황희

출생 1967년 7월 28일

논란 추미애 법무장관 아들의 '무릎 수술 휴가 연장 의혹'을 제보한 당시 당직사병 현 모 씨의 실 명을 공개해 큰 논란이 일었다. 더군다나 제보자의 실명을 반복적으로 거론하고 단독범, 공범세력, 국정농간 세력 등의 표현을 하며 해당 인물을 범죄자로 낙인찍는 태도를 보여 큰 비판을 받았다.

문재인 정부가 자사고 폐지를 내세웠고 본인도 자사고에 대한 비판적인 발언을 했는데, 정작 자신의 딸은 자사고에 입학한 뒤 서울용산국제학교로 진학 간 후 유학을 준비한다는 사실이 전해졌다. 공교육을 강조했음에도 본인의 자녀교육에는 연간 수천만 원의 돈을 썼다.

20대 국회 때 여러 차례 질병을 이유로 본회의를 불출석하고 미국과 스페인 등지로 국외출장과 여행을 다녀왔다. 의원 시절 공무 외 목적으로 출국할 때도 관용 여권을 사용하였다.

베이징 동계올림픽 개막식에서 한복이 중국의 소수민족의 옷으로 등장한 것을 두고 "한편으로는 우리 문화가 이렇게 많이 퍼져나가는 것이라고 볼 수도 있다."라는 망언을 하였다.

고 이대진 해수부 공무원의 북한 괴뢰에 의한 사살 및 화형 관련하여 해수부 공무원의 형 이래진 씨에게 "같은 호남인데 월북 인정하면 기금 마련하여 보상하겠다"고 회유한 사실이 밝혀져 큰 논란이 일었다.

독설 내 편 아니면 다 나의 적. 다른 사람은 공교육 내 자식은 사교육.

황희 의원의 정당은?

PART 2. 그들의 행적 및 실적

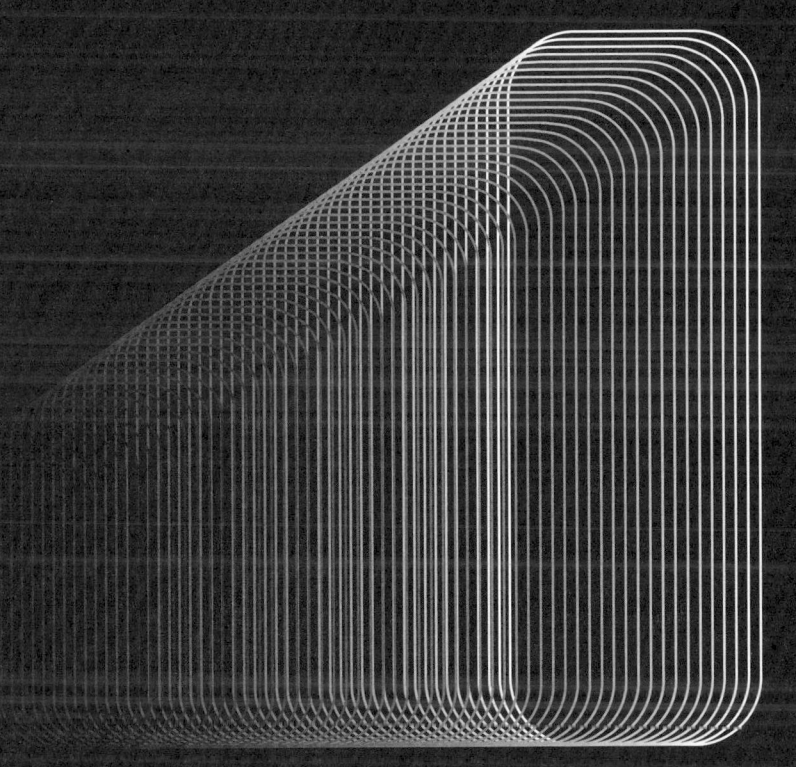

1. 21대 국회의원들의 본회의 출석률 분석

1) 100% 출석 의원
김진표, 민형배, 최재형, 최영희, 강성희

2) 결석이 많은 의원
정찬민 본회의 129회 중 47회 결석
이상직 전체 회의 일수 83일 중 42일 무단결석

2. 21대 국회에서 논란이 되었던 법안 10가지

1) 검찰개혁 관련 법안(검수완박법)
내용 검찰의 수사권 축소 및 경찰로의 이관
논란 수사 및 기소의 분리 필요성을 주장하는 측과 범죄 대응력 약화를 우려하는 측의 대립

2) 중대재해처벌법
내용 기업의 경영 책임자를 중대재해 사고 시 처벌하는 법안
논란 노동자 보호 강화라는 긍정적 평가와 경영진의 과도한 책임 부과라는 비판

3) 차별금지법
내용 성별, 장애, 나이, 성적 지향 등을 이유로 한 차별 금지
논란 인권 증진의 필요성 vs 종교적 자유와 표현의 자유 침해 우려

4) 임대차 3법
내용 계약갱신청구권, 전월세상한제, 전월세신고제를 포함
논란 세입자 보호를 위한 법안, 하지만 그로 인한 임대시장 위축 및 전셋값 폭등

5) 공수처법(고위공직자수사처법)

내용 고위공직자 비리를 위한 독립된 기관 설립
논란 권력 견제 강화라는 취지와 권력 남용 가능성에 대한 우려

6) 5.18 관련 왜곡 처벌법

내용 5.18 민주화운동에 대한 허위사실 유포와 비하 행위를 처벌
논란 역사적 진실 보호 필요성과 표현의 자유 침해 간 충돌

7) 노동조합 및 노동관계 조정법 개정안(노란봉투법)

내용 노동쟁의로 인한 손해배상 청구를 제한
논란 노동자의 권리 보호 vs 기업 활동 제한

8) 양곡관리법 개정안

내용 쌀 초과 생산 시 정부의 의무 매입
논란 농민 소득 안정성 강화 vs 시장경제 원칙 위배

9) 종부세 완화법

내용 종합부동산세 과세 기준 완화
논란 부동산 시장 안정과 서민 부담 완화 vs 부유층 세금 감면 논란

10) 디지털 성범죄 처벌법(N번방 방지법)

내용 디지털 성범죄물의 제작, 유포, 소지 등에 대한 강력 처벌
논란 디지털 성범죄 근절 효과 vs 생활 침해 가능성

3. 국회의원 세비 vs 최저임금 비교

- 국회의원 세비

1) 2020년: 약 1억 5,290만 원(연간 총액 기준)
2) 2021년: 약 1억 5,410만 원(약 0.8% 증가)
3) 2022년: 약 1억 5,540만 원(약 0.85% 증가)
4) 2023년: 약 1억 5,670만 원(약 0.85% 증가)
5) 2024년: 약 1억 5,790만 원(약 0.7% 증가)

- 최저임금 근로자 임금

1) 2020년: 시간당 8,590원 월급(주 40시간 기준, 세전) 약 179만 원
2) 2021년: 시간당 8,720원 월급(주 40시간 기준, 세전) 약 182만 원
3) 2022년: 시간당 9,160원 월급(주 40시간 기준, 세전) 약 191만 원
4) 2023년: 시간당 9,620원 월급(주 40시간 기준, 세전) 약 201만 원
5) 2024년: 시간당 9,860원 월급(주 40시간 기준, 세전) 약 206만 원

4. 21대 국회 기간 중 서민들이 체감한 필수 장바구니 물가상승률

(한국 소비자원과 통계청 물가 데이터 기반)

1) 쌀 – 상승률 약 30%(2020년~2023년)
2) 계란 – 상승률 약 40%
3) 돼지고기 – 상승률 약 25%
4) 소고기 – 상승률 약 20%
5) 배추(김장철 대비) – 상승률 약 50% 이상
6) 감자 – 상승률 약 35% 이상
7) 식용유 – 상승률 약 50% 이상
8) 밀가루 – 상승률 약 30%
9) 라면 – 상승률 약 20%
10) 우유 및 유제품 – 상승률 약 20%

5. 21대 국회에서 국민의 반대와 사회적 논란 이슈로 무산된 법안 10가지

1) 대형 마트 규제 완화 개정안

대형 마트의 의무휴업일을 평일로 변경하고 새벽 배송 제한을 해제하려는 유통법 개정안이 소상공인과 전통시장 보호를 주장하는 반대의견으로 무산되었다.

2) 금융투자소득세 폐지안

금융시장의 활성화를 위해 금투세를 폐지하려는 시도가 부유층에 대한 세금 감면이라는 비판을 받아 처리되지 못했다. 하지만 기관투자자들에게 유리하고 개인투자자들에게 불리하다는 이유로 개인투자자들 상대로 도입 반대 목소리가 커져 결국 2년 유예가 담긴 세법 개정안이 추진되었다.

3) 재건축 규제 완화 법안

재개발, 재건축 규제를 완화하려는 도시정비법, 부동산공시법 개정안이 부동산 시장 과열과 부의 편중을 우려하는 반대에 부딪혀 통과되지 못했다.

4) 간첩법 개정안

간첩 행위의 처벌 대상으로 '적국'에서 '외국'으로 확대하려는 형법 개정안이 여야 간 이견으로 처리되지 못했다.

5) 전세사기 특별법 개정안

전세사기 피해자 구제를 위한 법안이 정부와 야당의 반대 및 재정부담 우려로 무산되었다.

6) 복수의결권 도입 법안

창업 대주주의 지배력을 강화하는 복수의결권 도입을 위한 벤처기업육성법 이 주주 권리 침해 등의 논란으로 처리되지 못했다.

7) 국회의원 국민소환제 도입 법안

국회의원에 대한 국민소환제를 도입하려는 법안이 여러 차례 발의되었으나, 국회 내 반대로 무산되었다.

8) 거창사건 지원법

6.25 전쟁 중 민간인 희생자에 대한 배상 보상을 위한 법안이 국가재정 부담 등의 이유로 입법되지 못했다.

9) 양곡관리법

쌀 수급 안정을 위한 양곡관리법 개정안이 정부 여당의 반대로 무산되었다.

10) 반도체 특별법

산업계의 숙원 법안이었으나 국정 혼란으로 인해 국회통과가 무산되었다.

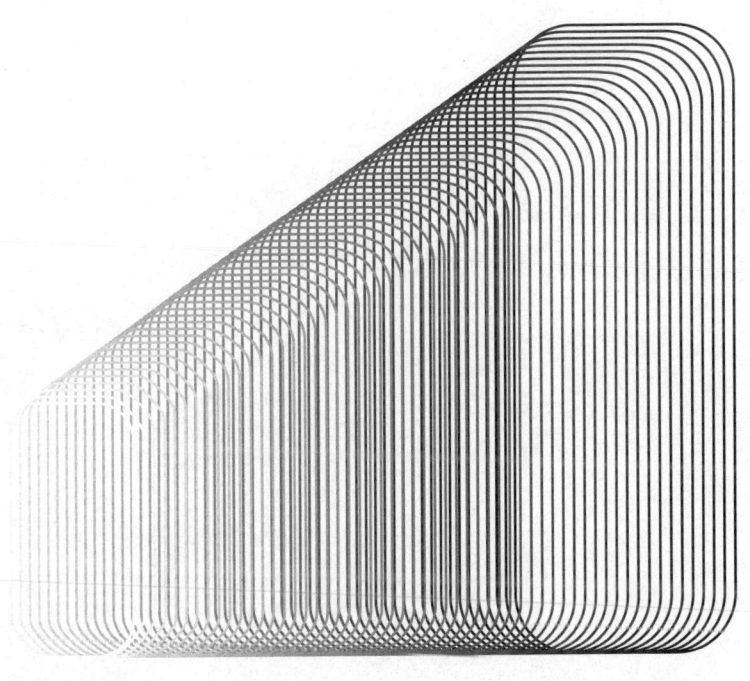

PART 3. 당신들은 모르는 우리들 이야기

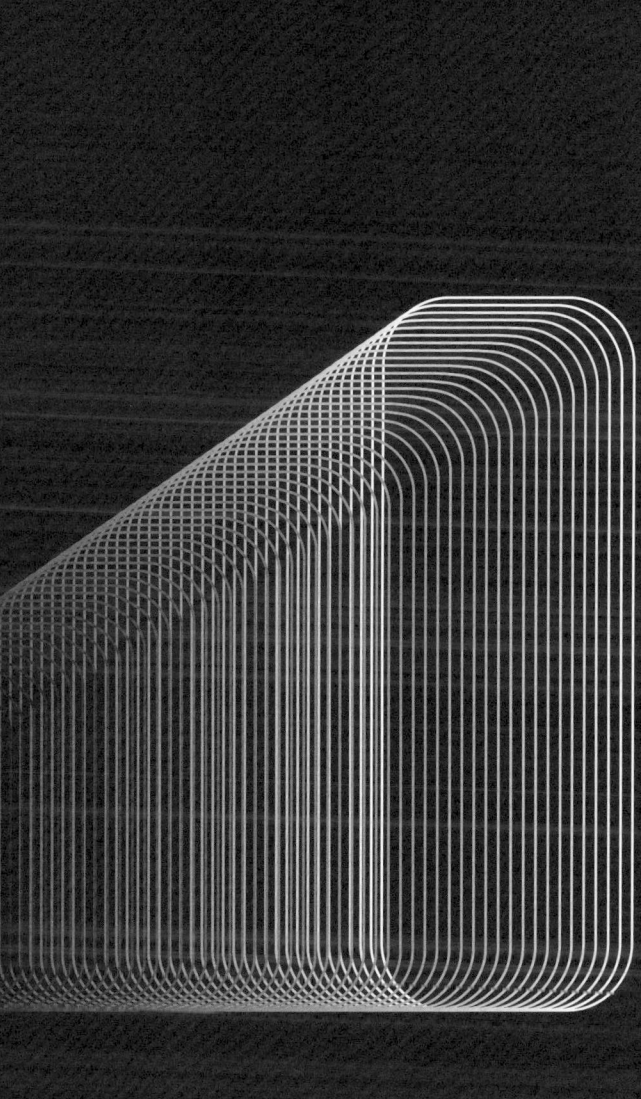

1. 산 사람은 살아야지

아버지를 떠나보내며 장례식에 와 수의를 고른다. 새 옷 하나 제대로 사 준 적 없는데 아버지 수의만큼은 제대로 된 것을 해주자는 가족 상의가 있었다. 하지만 직접 맞이한 최고급 수의와 최고 낮은 금액의 수의를 보며 우리 가족은 다시 가족회의를 하였다.

"산 사람은 살아야지." 짧지만 무겁게 내려앉은 그 말에 다들 마지못해 고개를 끄덕이며 동의했다. 가장 저렴한 것을 선택했지만, 결코 사랑이 덜 담겨있었던 것이 아니다. 살아남은 가족들의 남은 삶을 살아갈 책임과 현실을 반영한 것이다.

이런 현실적 고민을 하는 국민들과 달리 국가를 움직이는 이들에게는 있을까 의문이 든다. 우리의 세금으로 운영되는 국가재정을 다루는 국회의원들은 종종 국민의 삶과는 동떨어진 결정을 내린다. 국민은 하루하루 생계를 걱정하며 한 푼이라도 아끼려 애쓰는데, 공공의 재정은 때로 그 가치를 잊은 채 낭비되고 있는 듯하다.

고작 몇천 원을 아끼기 위해 시장에서 물건을 흥정하는 국민의 모습과 수백억 예산이 허술한 계획 속에 사라지는 모습을 비교해 보라. 같은 공동체 속에서 살아가는 이들이지만, 그 책임의 무게와 감각은 극명히 대조적이다. 국민의 세금이 낭비되었다는 소식을 들을 때마다, 아버지의 마지막 수의를 고르던 가족의 현실적인 선택이 떠오른다. 무엇이 진정으로 가치 있는 선택인지, 그리고 그것이 얼마나 깊은 책임감을 요구하는지를 묻게 된다.

국가재정을 다루는 것은 단순히 숫자를 조정하는 일이 아니다. 그것은 국민의 땀과 눈물을 다루는 일이며, 미래를 설계하는 일이다. 따라서 국회의원들에게는 보다 높은 수준의 책임감과 현실감각이 요구된다. 아버지 수의를 고르며 '산 사람은 살아야지.'라던 가족의 말처럼, 국회의원들은 '국민이 살아야지.'라는 마음가짐으로 재정을 다루어야 하지 않을까?

국민은 가슴 속 깊이 사랑과 현실을 동시에 품고 선택한다. 그 선택은 비록 간소할지라도, 결코 가볍지 않다. 국회의원들 역시 자신이 다루는 예산이 국민의 삶에 어떤 영향을 미칠지 진지하게 고민하고 그 무게를 마음속에 새겨야 한다. 아버지를 떠나보낸 가족의 절실한 마음이 그들에게도 전해지길 바란다. 그리고 더는 '국민의 세금'이라는 수의를 허투루 다루지 않기를 간절히 소망한다.

2. 유통기한 임박 상품과 버스요금 70원?

"이거 오늘까지네. 그래도 반값이면 괜찮지", "그럼 저녁 반찬으로 딱이야! 빨리 담아." 마트의 할인 코너에서 물건을 잡으며 나누는 이들의 대화는 소소하지만 현실적이다. 이들은 자신의 경제적 상황을 조금이라도 더 개선하기 위해, 한 푼이라도 아끼기 위해 시간을 들이고 발품을 판다. 한 봉지라도 더 저렴하게 구매하려는 노력은 그들의 생존 전략이며, 이는 현재 많은 서민이 겪는 경제적 압박을 여실히 보여준다. 식료품 가격이 천정부지로 오르고, 월급은 늘 제자리걸음을 하며, 물가는 계속해서 상승하는 가운데, 이들의 모습은 단순한 소비 행위가 아닌 생존의 몸부림이다.

반면 대중교통 비용조차 모르는 국회의원의 모습은 충격적이다. 2008년 *** 의원이 KBS 방송에서 토론회를 하던 중 서민 버스비가 얼마인지 아느냐는 질문에 "요즘은 카드로 타는데 한 번 탈 때, 한 70원 하나요?"라고 대답했다. 이 발언은 개인의 무지가 아니라, 그들이 국민과 얼마나 동떨어진 삶을 살고 있는지를 상징적으로 보여준다. 대중교통은 서민들에게 일상적인 필수 수단이며, 그 비용은 이들의 삶에서 중요한 경제적 요소이다. 그러나 이를 전혀 인지하지 못한다는 것은, 국회의원이 국민의 삶과 고충에 얼마나 무관심한지, 혹은 그 간극이 얼마나 큰지를 여실히 드러낸다.

이 두 가지 장면은 현대 한국 사회의 불균형을 적나라하게 보여준다. 한쪽에서는 생계를 위해 발버둥 치는 사람들이 있고, 다른 한쪽에서는 그들의 고통을 전혀 이해하지 못하는 지도층이 있다. 이는 단순히 개개인의 문제라기보다는, 사회 구조적 문제와 정치적 무관심이 빚어낸 결과물이다.

이 간극을 줄이기 위해서는 무엇보다도 상호 이해와 소통이 필요하다. 지도층은 국민의 삶을 체감하고, 정치에 이를 반영하기 위한 노력을 해야 한다. 대중교통을 이용해 보고, 마트에서 장을 보며 서민들의 일상을 직접 경험해 보는 것도 방법일 것이다. 반면 국민들은 자신의 권리를 적극적으로 요구하고, 정치적 참여를 통해 자기의 목소리를 내야 한다.

결국 이 사회는 모두가 함께 살아가는 공간이다. 대형 마트에서 유통기한이 임박한 상품을 사는 국민의 모습과 대중교통 비용을 모르는 국회의원의 모습은 서로 대립하는 풍경처럼 보이지만, 이는 한 사회 내에서 벌어지는 현실이다. 서로 다른 위치에 있는 사람들이 서로를 이해하고 배려하는 노력이야말로 이 간극을 좁히는 첫걸음이 될 것이다.

3. 땀 흘리는 국민과 잠에 빠진 국회

경기가 어려워지고 있다. 물가 상승과 함께 소득의 증가 속도가 따라가지 못하면서 많은 이들이 새로운 생계수단을 찾아야 하는 상황에 직면했다. 이로 인해 투잡을 뛰며 하루하루를 버티는 국민들이 점점 늘어나고 있다. 낮에는 직장에서 일하고, 밤에는 배달이나 다른 부업을 하는 사람들의 이야기는 이제 낯설지 않다. 가족을 부양하고, 아이들의 교육비를 마련하며, 월세나 대출금을 갚기 위해 그들은 자신의 시간을 쪼개고, 때로는 잠을 줄이며 살아간다.

그런데 이와 대비되는 장면이 우리의 눈길을 끈다. 국회 본회의장에서 졸고 있는 국회의원 모습이다. 고화질 카메라에 포착된 그 장면은 국민에게 실망과 분노를 안겨주었다. "억대 연봉을 받으면서 저렇게 잠을 자다니." 누군가는 혀를 찼고, "우리 세금으로 월급 받으면서 뭐 하는 짓이냐"며 비판하는 목소리가 높아졌다.

배달 일을 마친 김 씨가 동료와 대화를 나누었다.

"오늘도 고생 많으셨네요. 요즘은 어떠세요?"

"뭐 늘 그렇죠. 낮에는 회사에서 일하고 밤에는 이렇게 오토바이 타고 다니고."

김 씨는 피곤한 기색을 감추지 못하고 씁쓸하게 웃었다. "그래도 가족을 생각하면 쉬고 싶다는 말도 못 하죠."

옆에서 듣고 있던 동료가 TV 뉴스를 떠올리며 말했다. "아니, 그런데 국회에서는 또 누가 졸다가 걸렸더라고요. 우리 세금으로 월급 받으면서 말이죠."

"그 얘기 들었어요. 억대 연봉 받으면서 잠만 잔다고? 우리는 이렇게 뛰어다니는데…" 김 씨는 말끝을 흐리며 고개를 저었다.

"저런 사람들한테 우리가 뭘 기대하겠어요?"

국회의원들은 국민을 대표하며 정책을 논의하고 법안을 심의하며 국가의 방향성을 설정하는 막중한 임무를 맡고 있다. 그들의 연봉은 국민의 세금으로 지급된다. 그런데도 본분을 망각한 채 책무를 다하지 않는 일부 의원들의 모습은 마치 국민의 현실과 동떨어진 다른 세계에 살고 있는 듯한 인상을 준다.

배달을 하며 투잡을 뛰는 사람들은 도로 위를 달리며 매 순간 위험을 감수한다. 눈이 오나 비가 오나, 때로는 한 끼 식사조차 제대로 챙기지 못한 채 달리는 그들의 하루는 극한의 피로와 싸우는 연속이다. 그들은 자신의 일에 최선을 다한다. 반면 국회의사당 안에서 따뜻한 조명 아래, 편안한 의자에 앉아 잠에 빠진 국회의원의 모습은 이러한 현실과 극명히 대조된다.

국민들은 묻고 싶다. '당신은 당신의 일을 제대로 하고 있습니까?' 국민 한 사람 한 사람이 각자의 자리에서 최선을 다하며 살아가는 동안, 정작 그들을 대표하는 사람들은 왜 그 책임을 다하지 않는 것인가? 국가의 미래를 논의하고 국민의 삶을 개선하기 위해 쓰여야 할 시간이 졸음으로 채워진다면, 이는 단순한 해프닝이 아니라 심각한 직무유기다.

자신의 자리에서 최선을 다하는 국민들처럼, 국민을 대표하는 자리에 있는 사람들도 그에 걸맞은 책임감을 가져야 한다. 그래야만 이 사회는 비로소 더 나은 방향으로 나아갈 수 있을 것이다.

4. 75세 배달원의 명의도용과 국회의원 면책특권

마스크로도 가릴 수 없는 나이의 주름.
식당 안으로 오토바이크 헬멧을 쓴 채 들어온 한 사람이 있었다. 나이는 족히 70대 중반으로 보였다. 그는 배달 일을 하고 있었다. 배달 음식을 기다리며 다른 배달 종사원들과 가볍게 이야기를 나누는 모습이 인상적이었다.
"요즘 배달 일은 어때요?" 내가 물었다.
"경기가 안 좋은지 일이 많이 줄었어요. 예전에는 정말 많았는데." 그가 대답했다. 잠시 망설이다가 조심스럽게 다시 물었다.
"그런데 연세가 조금 있으신 것 같은데…. 나이가 어떻게 되세요?"
그는 환히 웃으며 대답했다.
"아, 나요? 75살! 가만히 있으면 뭐 해. 돈 벌어야지."
그의 나이는 배달 종사원 연령 제한인 65세를 10년이나 넘긴다. 그는 가족 명의든 누군가의 명의를 빌려 일을 하고 있었다. 법적으로는 명의도용에 해당하지만, 현실을 아는 사람들은 그의 상황에 눈감아 준다. 참고로 명의도용죄는 3년 이하의 징역이나 1천만 원 이하의 벌금형에 처해진다. 그러나 생계를 위해 어쩔 수 없이 법을 어긴 그의 모습은 우리 사회의 한 단면을 보여준다. 생존을 위해 법을 어기는 것은 범죄일까? 아니면 절박함의 또 다른 표현일까? 이 질문은 쉽게 답을 내리기 어렵다.
반면 국회에서는 전혀 다른 상황이 벌어진다. 명의도용 같은 범죄는커녕. 국회의원들이 면책특권이라는 방패 뒤에 도덕적 책임조차 회피하는 모습이 비일비재하다. 국회의원은 재판을 받는 중에도 유죄가 확정되기 전까지 세비를 100% 보존받는다. 이 제도를 악용해 일부 정치인은 고의로 재판을 지연시키기도 한다.

실제로, 21대 현역의원 중 한 사례는 3년 8개월 만에 유죄가 확정되었음에도 임기의 80%를 채웠다. 또 다른 의원은 아직 항소심 단계에 있어 사실상 임기를 모두 채우고 모든 세비를 챙겼다. 정치인의 도덕성은 국민보다 더 엄격해야 하지만, 현실은 정반대다. 국민들은 국회의원의 이중적 잣대와 특권에 분노할 수밖에 없다.

75세 배달원의 명의도용과 연봉 1억 6,000만 원을 받으면서도 범죄 연루 의혹에서 자유로운 국회의원 모습에 우리는 묻는다. '모든 이가 평등하다는 법의 논리가 정말 공정한가?'

생계를 위해 몸을 움직여야 하는 노년층의 삶과 법과 특권을 이용해 자신을 방어하는 정치인의 현실. 이 두 모습을 바라보며 우리는 무엇이 진정 정의로운지, 어떤 방향으로 나아가야 할지 고민해야 한다. 법은 공평해야 한다. 그러나 지금의 현실은 그 공평함이 누구에게나 동일하게 적용되지 않음을 보여준다.

이 어긋난 균형을 바로잡기 위해 우리는 무엇을 할 수 있을까? 노년층의 생계를 지원하는 안전망을 강화하고, 정치인의 특권을 제한하며, 법 앞에 진정한 평등을 실현하는 것이 그 시작이 될 것이다.

5. 삶의 무게와 선택의 존엄

지인의 부고 소식을 전하는 문자를 받았다. 1년에 한두 번씩 안부를 묻던 형이었다. 그는 늘 돈보다 건강이 중요하다고 강조하던 건강전도사였다. 그래서 이 소식은 믿을 수 없을 만큼 충격적이었다. 사업 실패와 함께 큰 스트레스를 안고 살아온 그는 과로에 시달리며 몸 관리를 소홀히 했고, 결국 병을 키운 끝에 쓰러지고 말았다.

병원에 입원한 형은 여전히 가족을 걱정했다. "내가 일을 안 하면 가족은 누가 돌보냐"며 퇴원을 고집했다. 그러나 병은 이미 손쓸 수 없을 정도로 진행된 상태였다. 장례식에서 나는 형의 밝던 모습이 담긴 영정사진을 마주했다. 유족들과 대화를 나누며 삶의 무게를 혼자 견뎌야 했던 형의 모습이 떠올라 가슴이 아팠다.

형은 의사가 권유한 연명치료를 거부했다고 한다. "의료비가 너무 부담돼요. 치료를 계속 받으면 저희 가족은 더 이상 살 수 없게 될 것이에요." 그의 목소리는 담담했지만, 그 속에는 깊은 슬픔이 배어 있었다. 긴 투병 생활로 가족은 이미 많은 것을 잃었다. 집은 담보로 대출을 받은 상태였고, 자녀들의 학비도 중단되었다. 형은 자신을 살리기 위해 가족이 더 큰 고통을 겪는 것을 원치 않았다.

"저 하나 살리자고 가족이 망가지는 걸 보고 싶지 않아요." 그의 마지막 말은 마치 자신을 위로하듯 담담했지만, 그 말 속에는 가족을 향한 깊은 사랑과 현실의 무게가 담겨있었다.

나는 형의 선택이 단지 개인의 결정이 아니었음을 느꼈다. 그것은 사회적 구조와 현실의 한계를 반영한 것이다. 의료기술은 나날이 발전하고 있지만, 치료를 받을 권리는 여전히 경제적 상황에 의해 제한된다. 연명치료를 포기한 그의 선택은 우리가 당면한 현실을 적나라하게 보여준다.

그의 부고는 우리에게 묻는다.

'우리가 정말 필요한 순간에 누구나 치료받을 수 있는 사회를 만들고 있는가?' 생명을 살리는 의료비가 때로는 삶의 무게를 가중시키는 현실 속에서, 우리는 인간다운 선택을 할 수 있는 환경을 만들어야 한다. 의료비 부담을 줄이고, 생명과 존엄이 돈보다 우선되는 사회를 만드는 것이 그를 떠나보낸 우리가 해야 할 일이다.

영정사진 속 밝게 웃던 형의 얼굴을 떠올린다. 그의 가족을 위한 선택이 더 이상 슬픔이 아닌 웃음이 돌 수 있는 사회가 되기를 바란다.

6. 리어커는 무겁지만, 그들의 약속은 가볍다

혹한의 기온 속 하얗게 김을 내뿜으며 숨을 몰아쉬는 한 어르신이 보인다. 그는 낡은 리어커를 힘겹게 끌며 폐지를 줍고 있다. 오래된 옷은 추위를 막기엔 턱없이 얇아 보였고, 그의 손은 장갑도 없이 거칠게 갈라져 있었다. 버티기도 힘든 몸을 이끌고, 그는 리어커에 하나하나 폐지를 쌓는다.

매일 반복되는 고단한 일정이지만 그 리어커는 그의 생계이자 하루하루를 살아가게 만드는 작은 희망이다. 그런 모습의 어르신들을 매일 보는 일반 국민들과 달리 국회의원들에게는 평소에는 안 보이다가 참 이상하게도 선거 때만 보인다.

그리고 정치인들은 앞다퉈 스피커를 통해 "모든 국민이 행복한 나라를 만들겠다"며 선거 기간에만 목소리를 높인다. 그리고 모델로 쓰이기 좋은 거친 손길 가진 폐지 줍는 어르신 배경 삼아 사진 찍는다.

"국민 여러분, 제가 국회에 가면 꼭 이런 힘든 분들을 위해 정책을 만들겠습니다. 저에게 힘을 주세요." 그 정치인의 말은 사람들의 박수를 받았고, 카메라는 그 정치인의 이미지 고착을 위해 열심히 일을 하였다.

그리고 시간이 지나고 선거가 끝난 뒤 정치인의 모습은 온데간데없다. 국회에 입성한 그들은 더 이상 거리의 어르신들을 떠올리지 않는다. 대신, 그들은 본인의 자리와 권력을 지키기 위해 동료 정치인들과 치열한 싸움을 벌인다. 민생 현안 입법이 아닌 이해관계와 계산이 우선인 회의가 반복되었고, 그 어르신과의 약속은 점차 뒷전으로 밀려난다.

그 어르신은 여전히 같은 거리를 걸으며 폐지를 줍는다. 선거철 한 번 스쳐 간 따뜻한 손길과 화려한 말들은 어르신의 삶에 전혀 변화를 주지 못했다. 리어커는 여전히 무겁고, 골목길의 추위는 더더욱 깊어졌다.

리어커를 끌며 폐지를 주우며 연명하는 안타까운 그 어르신의 삶은 우리 사회가 놓치고 있는 진실을 보여준다. 화려한 말과 따뜻한 악수가 아닌 진정한 변화는 작은 약속을 지키는데 시작되는 것이다. 우리의 무관심 속에서 무겁게 실린 리어커를 밀며 살아가는 그들의 삶은 과연 언제쯤 가벼워질 수 있을까?

국민에게는 매일 보이는 폐지 줍는 어르신들. 그들을 바라볼 줄 아는 국회의원이 보여야 그들의 삶이 조금이나마 숨통이 쉬어질 것이다. 하지만 폐지 줍는 노인은 선진국 문턱에 들어갔다는 대한민국에서 점점 늘어나고 있는 것이 현실이다.

7. 눈물의 폐업 그리고 국회의원 세비 셀프 인상

그는 가게 문을 닫고 마지막 청소를 하고 있다. 그의 눈가에는 눈물이 고여 있다.

퇴직금과 약간의 대출금으로 작은 가게를 열었다. 코로나 때부터 안 좋았던 매출이 점점 안 좋아져 결국 폐업 결정을 할 수밖에 없었다. 가족을 위해 열심히 일을 했지만, 경제적 어려움이 그의 발목을 잡았다. 그는 매일 아침 일찍 일어나 손님을 기다렸지만, 이제는 그 기다림이 무의미하게 느껴졌다.

"미안하다. 얘들아. 아빠가 무능해서…." 그는 속으로 중얼거리며 가게 벽을 바라보았다. 그곳에는 가족사진이 걸려있었고, 행복했던 순간들이 떠올랐다. 하지만 현실은 그를 더욱 비참하게 만들었다. 이제는 더 이상 버틸 수 없다는 결론에 이르렀고, 폐업 결정을 내리는 것은 그의 인생에서 가장 힘든 순간이다.

이와는 반대로 국회의사당에는 국회의원들이 한창 분주하다. 그들은 국민을 위해 봉사하겠다고 다짐하며, 동시에 스스로 세비를 인상하기로 결정했다.

국민을 위해 봉사하겠다고 약속을 했지만, 정작 그들은 국민의 삶과 동떨어진 삶을 살고 있다. 그리고 자신들의 실책으로 인해 국민들이 폐업하는 현실을 만들어놓고도 책임지는 사람들이 없다. 되려 물가 상승 대비 자신들의 세비를 인상시켜 버렸다.

그렇게 협치하지 못해 민생법안 하나 제대로 통과시키지 못했는데 세비 인상에 대해서는 여야 할 것 없이 단일대오 모습을 보여준다.

국민들의 노동현장은 가장들의 눈물이 모이고, 국회의사당에는 자신들의 밥그릇 싸움에 으르렁대는 소리만 들린다.

8. 병을 키우는 바보 그리고 그를 닮은 아들

"몸이 아프면 병원에 가야지! 왜 미련하게 병을 키워!"
사람들이 병이 나면 주변인들에게 듣는 이야기다.
세상에 병에 걸리고 싶은 사람은 없다. 단지 먹고 살기 위해 병원에 갈 엄두를 내지 못해 병을 키운 것이다.
"돈 많이 벌어봤자 소용없다. 인생은 즐기면서 살아야 돼!" 그런 이야기는 멀찌감치 떨어져 바둑 훈수 두는 사람들의 이야기일 뿐이다.
나의 인생에는 그렇게 미련하게 병을 키운 바보가 있었다.
그는 바보였다. 자신의 건강 상태를 분명히 알았지만 병원을 가지 않고, 병을 키운 바보였다. 병의 전조 증세는 이미 있었다. 하지만 그 전조 증세는 내 가족을 지켜야 한다는 가족애에 막혀 그는 전혀 느끼지 못했다. 그는 애써 외면하며 병을 키웠다. 그리고 그는 버티고 버티다 실신해 병원에 입원을 하였다.
그가 병원에 입원하며 느낀 감정은 복잡했다. 몸이 아픈 것도 고통스럽지만, 그보다 더 큰 고통은 수술비와 병원비가 온전히 가족에게 짐이 된다는 사실이었다.
그리고 뭐가 그렇게 급했을까? 치료를 위해 입원 절차를 밟던 도중 하늘의 별이 되었다. 마치 가족들에게 병원비와 수술비를 부담 지우기 싫은 것처럼 그렇게 빨리 떠나갔다.
미처 준비하지 못한 장례식의 영정사진은 야구모자를 쓴 본래 나이보다 10살이나 어린 아버지 사진이었다.
그리고 나는 그런 아버지를 닮은 바보다.

9. 우리 편은 없어! 단지 자신들 밥그릇 위해 싸우는 거지!

예전에는 하루가 멀다고 자주 만나던 친구들이 있었다. 하지만 요즘 경기가 어려워지면서 다들 바쁜 일상에 쫓기다 보니 자연스레 만남이 뜸해졌다. 그러다 친구 아버지의 장례식에서야 우리는 오랜만에 얼굴을 마주했다. 그 자리는 슬픔과 묵직한 침묵 속에 이어졌지만, 오랜만의 재회는 우리에게 또 다른 약속을 남겼다. 그리하여 우리는 술자리를 잡았다.

오랜만에 만난 친구들은 여전히 친구였다. 시간이 지나도 변치 않은 우정은 술자리에서 금세 드러났다. 술잔이 오가며 웃음꽃이 피고, 취기가 오르자 대화는 점점 무르익었다. 그러다 자연스럽게 화제는 현 정치 상황으로 흘렀다.

"지금 이 나라 꼴이 이게 뭐냐? 정말 초등학생이 운영해도 이보단 낫겠다." 한 친구가 고개를 절레절레 흔들며 말했다. 그러자 갑자기 다른 친구가 욱해서 대꾸했다.

"그런 말은 아니다. 저쪽에서 매번 말꼬투리 잡고 난장판을 만드는데, 대체 어떻게 국정운영을 하라는 거냐?"

대화는 곧 논쟁으로 변했다. 둘은 각자 자신이 지지하는 진영의 논리를 내세우며 한 치 양보 없이 맞섰다. 목소리가 점점 높아지더니 어느 순간 옆 테이블 사람들이 힐끔거리며 쳐다보는 게 느껴졌다. 그제야 둘은 머쓱한 듯 목소리를 낮췄다.

그때 뒤늦게 퇴근을 한 친구가 합류했다. 그는 자리에 앉자마자 외쳤다.

"술 고프다. 빨리 술 좀 말아봐."

그리고 메뉴판을 보며 한마디 욕설을 툭 던졌다.

"여기도 무지 비싸네! 니미럴, 안 오르는 게 하나도 없네. 내 월급만 안 올랐네."

그 말에 격렬히 논쟁하던 두 친구는 피식 웃음을 터트렸다. 분위기가 조금 풀리더니, 뒤이어 그 친구가 던진 한마디에 모두가 고개를 끄덕이며 더는 정치 이야기를 하지 않게 되었다.

"야, 근데 솔직히 생각해 보면 다 똑같지 않냐? 그놈들이 언제 우리 국민들 생각했냐? 그냥 자기 자리 지키려고 발버둥 치는 거지?"

그 말은 마치 묵직한 망치처럼 모두의 마음에 내려앉았다. 우리는 더 이상 아무 말도 하지 않았다. 술잔을 기울이며, 다만 서로의 얼굴을 보며 옅은 웃음을 지었다. 어쩌면 그것이 우리가 할 수 있는 최선의 공감이었을지도 모른다.

10. 광장의 환호성과 장례식장의 눈물

서울 한복판. 커다란 광장에는 사람들이 가득했다. 국회의원이 연단 위에서 손을 흔들자, 수많은 지지자가 환호성을 질렀다. 그의 한마디 한마디가 대형스피커를 통해 마치 성서의 구절처럼 울려 퍼졌다. 군중은 그를 향해 열렬한 박수를 보냈다. 손에는 그의 얼굴이 새겨진 플래카드와 깃발을 들고 있었다. 목이 터져라 그의 이름을 외치는 사람들. 어떤 이는 눈물까지 흘리며, "우리의 희망입니다."라고 외쳤다. 그는 미소 지으며 군중을 향해 손을 흔들었고, 연설을 마친 후 지지자들과 셀카를 찍으며 웃음을 멈추지 않았다.

그 시간, 도심의 또 다른 한 편에서는 한 가장의 장례식이 있다. 가장이던 그는 공장에서 일을 하다 과로로 쓰러졌고, 끝내 숨을 거두었다. 살아남은 가족들은 갑작스러운 죽음을 받아들일 새도 없이 장례를 준비해야 했다. 아내는 헝클어진 머리와 퀭한 눈으로 문상객을 맞았고, 어린아이들은 무슨 상황이 벌어졌는지조차 이해하지 못한 채 엄마의 손을 꼭 붙잡고 있었다. 그리고 상황 판단을 못 하는 막내딸은 "아빠는 언제 와?"라는 말을 하며 장례식장을 울음바다로 만들었다.

장례식장 한구석에서 중년의 남자가 한숨을 내쉬었다. "몇 번이나 야근을 하고도 월급이 제때 들어오지 않았어. 병원 갈 시간도 없었지. 저러다 언젠가는 쓰러질 거라 했는데…" 고인의 동료였던 그는 담배를 문 채 떨리는 손으로 불을 붙였다. "우린 뭐가 잘못된 걸까? 죽을 만큼 일해도 바뀌는 게 없어."

국회의원의 연설이 끝난 뒤, 뉴스에서는 연일 그의 열정적인 발언을 앞다투어 보도했다. "국민을 위해 헌신하겠습니다." 그의 모습이 TV 화면을 가득 채웠다. 같은 시각. 한 가장의 죽음은 신문 한구석의 작은 기사로도 나오지 않았다.

광장의 환호성과 장례식장의 눈물, 이 두 풍경이 같은 날 같은 도시에서 펼쳐지고 있다. 누구는 희망을 외치고, 누구는 절망 속에 잠겨 있다. 이러한 상반된 현실 속에서 우리는 무엇을 느끼고, 어떻게 나아가야 할까?

광장의 환호성에 취해 국민의 절규와 아우성을 져버리는 국회의원. 자신의 몸이 한계에 봉착했음에도 일을 할 수밖에 없는 국민들. 투표를 통해 우리의 목소리를 정치에 반영하고, 책임 있는 정치인을 뽑아야 이런 현실이 사라질 것이다.

권력의 민낯 -국회의원이 숨기고 싶은 진실

펴 낸 날 2025년 4월 18일

지 은 이 강태호
펴 낸 이 이기성
기획편집 김정훈, 이지희, 서해주
표지디자인 김정훈
책임마케팅 강보현, 이수영
펴 낸 곳 도서출판 생각나눔
출판등록 제 2018-000288호
주 소 경기도 고양시 덕양구 청초로 66, 덕은리버워크 B동 1708, 1709호
전 화 02-325-5100
팩 스 02-325-5101
홈페이지 www.생각나눔.kr
이 메 일 bookmain@think-book.com

· 책값은 표지 뒷면에 표기되어 있습니다.
  ISBN 979-11-7048-864-4(03300)

Copyright ⓒ 2025 by 강태호 All rights reserved.
· 이 책은 저작권법에 따라 보호받는 저작물이므로 무단전재와 복제를 금지합니다.
· 잘못된 책은 구입하신 곳에서 바꾸어 드립니다.